GOLDMANN

Zum Autor

Herbert Achternbusch, geboren 1938 in München, wuchs im Bayerischen Wald auf und studierte nach dem Abitur Malerei an der Nürnberger Kunstakademie. Er übte verschiedene Tätigkeiten aus, ehe er sich als Bildhauer und Maler, Schriftsteller, Filmemacher und Schauspieler vor München niederließ.

Als hartnäckiger Querdenker erwies sich Achternbusch vor allem im Filmbereich. Gebeutelt von Politikern und Fernsehanstalten wie kaum ein anderer in der deutschen Filmszene *(Süddeutsche Zeitung)*, strengte er 1983 sogar einen Prozeß gegen den damaligen Bundesinnenminister Zimmermann an – und gewann ihn –, weil der ihm die letzte Filmförderungsrate für *Das Gespenst* verweigern wollte.

Für seine künstlerische Arbeit wurde Herbert Achternbusch mit zahlreichen Auszeichnungen geehrt: u. a. mit der Ludwig-Thoma-Medaille der Stadt München (1975), dem Petrarca-Preis (1977), dem Bundesfilmpreis für *Das letzte Loch* (1982), dem Mülheimer Dramatikerpreis für *Gust* (1986) und *Der Stiefel und sein Socken* (1994), dem Tukan-Preis (1989) und dem Ersten Münchener Filmpreis (1993).

Zuletzt erschien von ihm das Buch *Hundstage* (1995).

Herbert Achternbusch lebt heute in München.

Zum Herausgeber

Horst Herrmann, Jahrgang 1940, Dr. theol., wurde 1971 Professor für katholisches Kirchenrecht an der Universität Münster, seit 1981 lehrt er Soziologie an derselben Universität. In vielen Veröffentlichungen hat er kritische Themen behandelt und immer wieder – auch in den Medien – Denkanstöße für breite öffentliche Diskussionen geliefert.

In der Reihe *querdenken!* sind außerdem erschienen:

Karlheinz Deschner: Was ich denke (12351)
Eugen Drewermann: Was ich denke (12532)
Horst Herrmann: Was ich denke (12515)
Adolf Holl: Was ich denke (12537)
Regine Hildebrandt: Was ich denke (12557)
Jutta Ditfurth: Was ich denke (12606)
Jutta Voss: Was ich denke (12543)
Alfred Grosser: Was ich denke (12612)
Friedbert Pflüger: Was ich denke (12608)
Margarita Mathiopoulos: Was ich denke (12607)
Anna E. Rosmus: Was ich denke (12616)

QUER DENKEN!

Herausgegeben von
Prof. Dr. Horst Herrmann

Herbert Achternbusch

Was ich denke

GOLDMANN VERLAG

Umwelthinweis:
Alle bedruckten Materialien
dieses Taschenbuches sind chlorfrei
und umweltschonend.

Der Goldmann Verlag
ist ein Unternehmen der Verlagsgruppe Bertelsmann

Originalausgabe November 1995

Umschlaggestaltung: Design Team München
Umschlagfoto: Stefan Moses
Fotos: Barbara Gass
Satz: Uhl + Massopust, Aalen
Druck: Presse-Druck Augsburg
Verlagsnummer: 12670
Lektorat: Silvia Kuttny
Herstellung: Stefan Hansen
Made in Germany
ISBN 3-442-12670-3

1 3 5 7 9 10 8 6 4 2

Goldener Bär

Liebe Mam,

entschuldige bitte, daß ich Dir so lange nicht geschrieben habe. Ich wußte einfach nicht, wie ich das anstellen sollte – abgesehen davon, daß ich gar nicht auf die Idee kam. »Oftmals liefst Du durch meine Gedanken« zu sagen, wäre viel zu ungenau: denn oftmals liefen die Gedanken an Dich durch meine Denkereien. Einmal dachte ich ums andere, daß Du unerreichbar weit weg bist, und dann kam wieder die Bedrückung, da ich Dich nie loskriege. Es war – um es meiner ländlichen Herkunft gemäß auszudrücken –, wie es sich auch drehte, Scheiße.

Warum ich so lange nicht geschrieben habe, wirst Du Dich fragen. Muß ich mich fragen. Ich hab es vor mir hergeschoben. So, wie man sagt: Jaja, das mache ich gleich. Einen jeden Tag sagt man sich das. Und kriegt irgendwie das Gefühl, als hätte man es schon gemacht. Und eigentlich habe ich Dir auch immer wieder geschrieben, so in Notizen. Aber doch nicht direkt. Und nun rede ich schon den dritten Tag zu Dir und habe doch erst die beiden Abschnittchen oben an Dich.

Ich nehme an, daß es Dir gutgeht, daß Du ausgeglichen bist, daß Du Dich aufgehoben weißt und keine Lasten in so viele Richtungen an Dir zerren. Endlich kannst Du Dich in schönen Kleidern bewegen und mußt sie nicht gleich wieder ablegen, um zu schuften. Was hast Du Dich auf Deinem Tennisplatz abgeplagt, ohne noch zu erfahren, daß es inzwischen deutsche Wimbledon-Sieger gibt. Diese Freude hätte ich Dir so gegönnt. Ich habe bei diesen Spielen immer an Dich gedacht. Habe mich dabei auch geschämt, daß ich selber nicht mehr spiele. Aber, weißt Du, so zum Privatvergnügen mache ich eigentlich nichts. Die Zeit ist mir zu schade. Ich renne nämlich schon wie ein Wahnsinniger über meinen Lebensplan, rein äußerlich gesehen. Weiß inzwischen auch einiges über die Kraft, die mich zusammenhält.

Wie es mir geht, möchtest Du sicher wissen. Ich habe immer noch Schwierigkeiten mit mir und mit allem, dann wiederum mit gar nichts. Ich bin dabei, meine Fasen kennenzulernen und mir die Kräfte einzuteilen. Motto: nacheinander! Zuletzt malte ich wieder. 31 Bilder, eine Serie. Ja, ich male wieder. Du hättest Deine Freude. Weiß noch nicht, wie ich die letzte Serie nennen soll, vielleicht nur *Herbert*. Aber was heißt »nur«? Dein Bruder heißt ja Herbert, und andere Herberts gibt es auch noch. Was heißt »noch«? Am 65. Todestag Deines Bruders im Februar dachte ich an ihn. Wiederholt suchte mich als Kind eine Todesfantasie heim: Ich müsse am 4. Februar sterben, einen Tag vor Deinem Bruder. Auch heuer war ich auch wieder froh, als die Tage vorüber waren. Ich habe noch ein Foto von ihm. Spaßig krümmt er sich im rechten Arm seiner Schwester, meiner Tante. Hat soviel Kraft in seinem Gesicht, so ungebrochen und lebensfroh. Schwermut scheint er nicht gekannt zu haben und auch nicht die Geißel der Verlassenheit. Es fällt mir schwer, Deine deutsche Schrift auf der Rückseite zu entziffern. Tränen sind darauf getrocknet. Wann? Geschrieben hast du am 5. 2. 38. Und dann die vielen Jahresdaten hinten, und vorne mehr, 1972 ist die letzte Jahreszahl. Dein Schmerz hat mich immer berührt.

Inzwischen ist es dunkel geworden. Es hat mir gutgetan, über Deinen leserlichen und unleserlichen Wörtern zu verweilen. Schließlich bin ich eingeschlafen. Das wird schon jemand ganz entziffern. Ich zerstör ja das kleine Dokument nicht. War überrascht, noch ein Schriftstück von Dir zu finden. Meinen Namenszug von Dir habe ich noch in einem Buch von Hemingway. *Der alte Mann und das Meer* war das erste Buch, das mich hart getroffen hat, 1952. Da war ich doch schon 13. Dachte, ich hätte es mit 12 gelesen. Immer wieder habe ich etwas erst später getan, als ich mir das einbildete. Ich schreibe Dir ja auch erst heute und nicht früher.

Daß ich Filme machen wollte, weißt Du noch. In einer ersten Skizze solltest Du sogar mitspielen: als alte Susn im Sand sitzen und lallen. Du würdest schon mitmachen, sagtest Du dem Buchhändler, aber nicht als Alte. Ich habe das nicht gedreht, und Du hast nichts versäumt. Mit meinen 25 restlichen Filmen hättest Du sicher Spaß gehabt, denn einmalig zu sein, konntest Du immer verstehen. Es ist etwas Gewaltiges, wenn man der Schönheit nicht nachläuft, wie Du weißt, sondern die Natur einem einfach das gegeben hat, was die anderen nicht begreifen.

Wie Sie wissen, ist man zuerst um die eigene Befindlichkeit besorgt und erst in zweiter Linie dann darüber, was man den Leuten mitteilen könnte. Diese Notiz habe ich gerade auf einem abgeschnittenen Zeitungsrand gefunden. Wäre sie mir noch während der letzten Malfase unter die Finger gekommen, hätte ich damit ein Tablo gemacht. Die Aussage groß hingeschrieben. Soll ich es noch machen, ohne Ahnung für den formalen Ablauf? Vielleicht fällt er mir beim Zusammenkleben der Zeitungsseiten ein. Es waren noch eineinhalb Deckweißtuben da, die ich loshaben wollte, damit grundierte ich das Papier. Dann setzte ich mit schwarzen Strichen einen Löwen drauf. Eigentlich wollte ich einen Stier darstellen, weißt Du, die geballte Kraft, aber dann wurde es doch ein Löwe. Da begegnet mir nämlich seit Tagen ein Löwe auf so einem Safarilichtbildervortragsplakat, der schaut mich zwar farbig, aber doch vorwurfsvoll, grantig und auch schön, doch letzten Endes nichts als traurig und blöde an. Auf den Löwen habe ich dann einen kleineren Löwen gemalt, weil nicht mehr so viel Platz da war, wenn ich die Schrift noch anbringen wollte, was mir fast bis zur Hälfte des Satzes gelang. In den großen Löwen habe ich eine Frau gemalt: lockiges Haar, in langen Wellen fällt es vom erhabenen Haupt, nicht zu vergessen die steile Stirn, die tiefen, aber nicht zu tiefen Ecken, das wohlgeformte Ohr mit freiem Läppchen, der stolze Hals. Und dann die breiten Schultern mit der weiblichen Brust. Das schmale Becken und die ach so durchgeformten Beine einer enorm begabten Sportlerin.

Hab davon gar nicht die gewohnten Kreuzschmerzen bekommen. Mußte aber gleich die Weißspuren vom Boden wegputzen. Denn nach der Bildersession habe ich ordentlich geschrubbt, was der nächste Besuch, eine Frau, auch gleich bemerkte. Manchmal quält mich dieser Reinlichkeitsdrang. Aber sollte ich mit verdrecktem Boden unter meinen Füßen einen Brief an Dich beginnen?

Bei Kreuzschmerzen denke ich dann auch immer an Dich. Deine letzten 16 Lebensjahre warst Du derart mit Kreuzschmerzen geplagt, daß mir allein der Gedanke daran unerträglich ist. Mit einem Balken bist Du von Deinem Haus gesegelt und auf den Boden geprallt und liegengeblieben, weil Dich niemand gefunden hatte und Du in Deiner vernichtenden Lage auch keinen Hilferuf von Dir geben wolltest. Irgendwann bist Du ins Haus gekrochen. Wie eine Schildkröte hast Du Dich gefühlt und mir später eine dementsprechende Karte von Hieronymus Bosch geschickt. Entschuldige bitte das Holterdipolter des letzten Satzes, überhaupt diesen letzten Abschnitt, aber mit dem Hintergedanken war ich bei meiner Oma im Wald. Sie hat mich so oft ermahnt, Dir doch zu schreiben. Und ich wußte einfach nicht, was ich Dir schreiben sollte, nachdem ich Dir von meinen Hasen und Fischen geschrieben hatte. Von meinem Rad? Daß ich damit gut umgehen konnte, im Gebrauch mehr als in der Reparatur? Ich malte damals schon, und erst neulich habe ich die »Apfelblüten in der Vase« vom April 58 neu rahmen lassen und den Rahmen bemalt und finde es jetzt wirklich schön. Es hat ja bis zuletzt in Deinem Zimmer gehangen. Ich mag mich jetzt aber nicht an Dein Zimmer erinnern, denn das täte zu weh.

Weißt Du eigentlich, daß ich oft Angst hatte, Du könntest außer mir noch ein Kind haben, irgendwo anders versteckt? Ich fühlte mich nämlich manchmal auch versteckt, als sollte der Rest der Welt von mir nichts wissen. Als wäre ich nicht nett genug gewesen, mich zu behalten. Aber einem zweiten Kind hättest Du die Spielsachen gar nicht kaufen können, die ich bekam, weil Dein Geld nicht reichte. Du hast wenig gegessen und immer zu wenig getrunken. Mir schmeckte das Essen meistens nicht. Himbeerwasser konnte ich trinken, bis mich der Bauch schmerzte, was ich dann aber nicht glauben wollte und oft weitertrank. Aber so genau mag ich mich an ein Detail gar nicht erinnern. Ich mag Dir nämlich nicht sagen, was so an meinem Leben haftet. Denn dann müßtest Du auch meinen Lebensweg betrachten, auf dem ich so dahingehe, auf dem ich so hafte wie die Fliege auf einem Leimstreifen, und ringsumher ist alles frei, nur ich picke fest und wie! Derweil ist es doch umgekehrt.

Unvorstellbar, daß Du einem anderen Kind gegeben hättest, was Du mir versagtest... Oder holtest Du Dir von einem anderen Kind, was Du von mir nicht bekamst? Aufmerksamkeit, Verständnis, Liebe, Sex... Bin oft enttäuscht von mir. Bring es nicht los.

Du bist frei.

Über Auschwitz konnte ich mich mit Dir nicht unterhalten. Ich vermute, daß mich auch das in den Wald gehen ließ. Ich mochte so gern das Gras in seiner unterschiedlichen Größe. Einen Vogel am Abend hörte ich zu meinem Herzen sprechen. Ich war zu eng für meine Seele. Die Bäume hatten Schatten und lichtere Teile. Das Frühlingslicht auf den Blättern rutschte in mich. Das Wolkenspiel war mir so gleich. Der Himmel bestätigte mich so. Das durfte niemand wissen. Als ich einmal viel später gegenüber einem Taxifahrer erwähnte, wie schön die Abendstimmung sei, sagte er: Wer sieht das heute noch! Da war ich über mich erstaunt. Ich hatte einfach meine Verschwiegenheit vergessen. Da schrieb ich aber schon. Und beim Schreiben vergaß ich sowieso alles. Das scheint aber noch niemand zu verstehen, aus welchen Synapsenblitzen meine Sätze rauschen. Ich bin mir inzwischen sicher, daß ich am schnellsten denke. Du kannst Dir nicht vorstellen, wie viele Schriftsteller da vor sich hin buckeln und ihr Gehirn quälen. Aber es gibt schon Leute, die mich bewundern. Meine Aussagen zur Natur habe ich sie schon bewundern gehört. Ja, ich bin bestimmt schon berühmt, was Du Dir so sehr gewünscht hast. Es war Dein Herzenswunsch. Ich bin Dein Sohn.

Du warst kein Nazi. Du hast das alles nicht gewußt. Ich habe über das schwarze Loch Auschwitz kein Buch gelesen. Nur was so in den Zeitungen steht und jedermann leicht zugänglich ist. Es mußte dazu kommen. Wie die Europäer nicht nur mit dem Rest der Welt, sondern vor allem mit den eigenen Leuten umgegangen sind, ist eine Druckwelle, die nicht mehr zu kanalisieren war, und in Auschwitz strandete sie vernichtend, wie nur eine Brandungswelle vernichtend sein kann. Sicher kommt eine neue Welle, und ich weiß nicht, ob noch einer da ist, wenn sie verebbt ist. Was solltest Du daran schuld sein? Du liebtest die Bewegung in der Sonne, den Sport. Du mochtest Deinen Körper fühlen und dem Licht entgegeneilen. Das Elend an der Straßenecke hat Dich zu Tränen gerührt. Du hattest nie Geld und hast doch immer geteilt. Zum Ende Deines Lebens hast Du im Altersheim gehört, wie eine Neunzigjährige tagelang mit letzter Kraft die Worte hervorstieß: Laßt mich sterben! Das hast Du nicht ausgehalten. Da gab es keinen Trost und keinen Gott. Du wußtest Bescheid. Ein auffressender Löwe wäre eine Gnade gewesen.

ZUM TOTENBERG DER SELBSTGERECHTEN DEUTSCHEN WILL ICH NICHT GEHÖREN schrieb ich auf mein letztes Bild, das nun mein vorletztes ist. Zwei regenschirmgroße Schmetterlinge torkeln im Liebestaumel über die Wiese von Birkenau. Das hatte ich in Krakau geträumt. Das war mein schönster Traum. Du warst nicht selbstgerecht. Du hast immer mit und an den Menschen gelitten. Und da Du immer nur hier warst, das Ausland nicht kanntest, außer Österreich zu einer Zeit, da es sich zu Deutschland gedrängelt hatte wie eine nackte Frau in das Bett eines Mannes, der sie vielleicht gar nicht so mag, hast Du nur an den Deutschen gelitten, und die haben Dich wahrlich unglücklich gemacht. Robert, Dein Geliebter, der hohe Amerikaner in hellblauem Anzug, war das Schönste in Deinem Leben. Auch sein Foto hast Du mit ansteigenden Jahreszahlen versehen. Darauf Dein letzter Satz: Es ist schon lange her, daß jemand Liebling zu mir sagte. Das hat mich lange geschmerzt. Denn Du warst mein Liebling. Ich konnte es nur nicht sagen, auch jetzt nicht so direkt. Ich genierte mich für Dich. Ich fand Dich übertrieben. Aber ich genierte mich für mich. Wollte schweigen, ewig schweigen – außer der Rausch der Synapsen überfiel mich. Das war ein Triumpf! Und wenn das jemand nicht verstehen kann, muß er sich gefallen lassen, daß ich in ihm einen Deppen sehe. Ich sage das nicht laut und tue gelangweilt.

Das Schmetterlingsbild ist von weißen Duftnoten gekennzeichnet. Das wollte ich gar nicht. Aber die Technik steht mir inzwischen derart zur Verfügung, daß sie meine Intention ausdrücken kann ohne absichtlichen Einsatz. Was ich weiß, muß ich gar nicht mehr wissen.

Mein Haus im österreichischen Waldviertel ist ein gutes Beispiel dafür.

Ja, ich habe ein Haus. Du wärst so stolz auf mich. Der Glanz Deiner Augen stürzte in Tränen hervor. In lustvoller Erkenntnis müßtest Du aufschreien. Als Du starbst, malte ich ja schon sechs Jahre nicht mehr. Und ich habe alles nachgeholt. Mein Pinsel war wie ein Maulwurf und eine Schwalbe zugleich.

Entschuldige, daß ich mich lobe, aber ich muß Dir diese Freude machen.

Ich glaube, der Glaube an die Menschen ist nicht zu halten. Ich komme darauf, weil ich gerade einen Blick auf die innere Stadt geworfen habe, die das Geheimnis in meiner Kindheit und Jugend darstellt. Diese Stadt sieht nicht aus, wie ich möchte, denn wie sollte ich sie denn mögen wollen? Heute ziehen die Wolken in langgestreckter Bleibläue, leicht aufsteigend, bis zu Mittag schöneres Wetter ankündigend. Am schönsten zeigen Luftbilder einen Stadtplatz. Aha, da ist der und der Platz. Man freut sich angesichts der Luftaufnahme, daß man den Platz wiedererkennt und schon darübergegangen ist. Ich freue mich da aber schon, daß ich auch gelernt habe, dieses abstrakte Foto wie von einem Plan mit meinen eigenen Erfahrungen zu verwechseln. Der Königsplatz ist einer der langweiligsten Plätze, aber von oben geradezu trostlos. Natürlich war das nicht so, als wir darübergingen: Die Oma schnaubte aus ihrem dunkelblauen bepelzten Mantel heraus und schob den Muff zur Seite. Und Du machtest ganz einfach den Königsplatz zum Laufsteg Deiner Erscheinung. Und ich im weißen Cape wußte ganz einfach, daß ich das alles einmal erben würde und mit niemandem auf der ganzen Welt teilen müßte. Mein Erbe schien von so hochgradiger Schönheit, daß es andere gar nicht erblicken und begehren konnten. So wie Du mag sich eine Pharaonin in Ägypten bewegt haben, und das auch nur einmal in 4000 Jahren, was zwar herrlich anzuschauen war, und ich als Hofarchitekt mag auch für die Zeremonialbauten zuständig gewesen sein, um der Herrscherin möglichst viel anzudienen, um gnädige Blicke zu finden, gnädige Händedrucke, gnädige Bevorzugungen und vielleicht auch einmal ein gnädiges Bett. Aber das alles hatte einen Rahmen, nämlich den altägyptischen, die Pharaonin fiel dazwischen auf, aber weiter nicht. Du aber allein auf dem Königsplatz machtest alles zum Kontrast, die Soldaten wie die Schieber und die Kriegsmüden. Wenn Dein Auge auf zugedeckte Leichen fiel, auf einen weggerissenen Finger mit einem Ehering, den die Ehefrau vor dem toten Ehemann fand, dann war das keine Alltäglichkeit mehr im Krieg, dann war das eine Majestätsbeleidigung. Und ein jeder ist verflucht, der in sich keine Majestät erblickt und sich dementsprechend benimmt, auf daß anderen kein Schaden entstehe und sie sich nicht an den Rand ihres Reiches getrieben fühlen, dem Absturz nahe ins schwarze Loch.

Du hast mir ja oft genug gesagt, was ich von allem zu halten habe. Heute früh erkannte ich Dich in meinen Augen.

Nun sieht aber die Stadt, von der ich gesprochen habe, anders aus als die bewohnten Städte. Viele Häuser und wenige Plätze sind das normale. Meine Stadt ist eine weite Fläche, auf der, wie sonst Plätze, verstreut Hauskomplexe stehen, die sich an die Wäldchen ringsum verlieren. Diese einzelnen Häuser sind fantastisch.

Auf einer Seite meinetwegen griechische Säulen, die einen Giebel mit den schönsten Göttern und Tieren tragen, dann aber nicht gleich ein einfallsloser Kasten darangestellt wie an der Münchner Oper, nein, nach der Fassade schauen wir in eine finstere Pyramide mit schwitzenden Steingängen, deren Schwärze allerdings den schönsten gemalten Himmel trägt, nicht mit diesen irrlichternden Sternbildern, sondern Sternen der Ruhe, der Seide, der Nähe, ja der Distanzlosigkeit. In diesen Häusern erreicht man mühelos einen Innenhof, denn sie sind überhaupt nicht nach außen oder innerhalb ihrer Räumlichkeiten abgesichert, und mit belebender Ruhe vergeht die Zeit. Auch Zellen der Strenge und der sparsamen Malereien sind vorhanden, in denen nicht gleich ein jeder Abbildungen erkennen kann. Also, der Innenhof öffnet sich in einen Garten, der so erweitert und gestaffelt an die nächsten Architektureinheiten herangeht, daß man sie gleich gar nicht erkennen kann und sie keineswegs an die Nase stoßen. Oder, wie in der unnormalen Welt üblich, man einem Häuflein Sonnenlicht nachwandern muß, wenn man nicht das Wissen verschütten will, daß wir nur mit Lichtzufuhr zu unserem Licht finden. Das Haus kann man wieder auf einer seiner vielen Seiten verlassen, wo sich im jähen Vormittagslicht steinerne Götter vögelten, die sich jetzt im Schatten auf eine neue Stellung ihrer so behenden Steingelenke besinnen. Diese Häuser sehen aus, wie man sie sich nur ausdenken kann mit allen bisherigen Architekturvorteilen und haben nichts, aber auch gar nichts von der schrecklichen Ersparnisarchitektur, deren trostloseste Endlösung in Gestalt von Lagerbaracken dem Menschen das Aus ankündigen. Du näherst Dich der Baracke, und sie döst Dich an. Aber den Gedanken an Unterschlupf läßt Du Dir nicht erwecken. Denn Du gehst vorüber, es sind ja darinnen Menschen zusammengepfercht, die Dich vernichten werden. Sie stinken. Sie jammern. Sie begatten sich. Sie bringen sich um in lausigster Enge – ich gehe einfach weiter den ziehenden Wolken nach.

Ich hätte wirklich nicht in einer Familie aufwachsen wollen.

Schnupfen. Die erste Prise ist heilig. Ich lasse mir den Schnupftabak aus London schicken. Der bayerische Schnupftabak ist so dreckig. Die Gedanken kommen schneller. Wie beim Opium, das ich in Spuren sehr gerne genommen habe.

Wieder ein Mädchen! Und Beschimpfungen des Vaters. Tränen der Mutter. So wurdest Du begrüßt.

Ich mag meine fünf Mädchen sehr gerne. Das jüngste natürlich immer am liebsten.

Du bekamst handgestrickte Strümpfe und Holzschuhe. Das war Dir zuwider, schmerzte am Körper und die Schmach in der Seele. Du wehrtest Dich, indem Du die Buben mit Deinen Holzklapperln vermöbeltest. Du bekamst wieder eine Schwester, sie wurde zur Idiotin hergerichtet. Man hätte sie abschlachten wollen. Man bürdete sie Dir allein auf. Mit den ungezählten Nervenheilanstalten hängte man sie Dir an den Hals. Dein Mitleid hieß Dich, sie mitzuschleppen, bis Du tödlich zusammenbrachst.

Deine ältere Schwester ermunterte Dich. Sie konnte eine Zweckehe eingehen, in der der Tod herrschte, drei Buben mußten durch Selbstverschulden umkommen. Einer erstickte während der Geburt, weil sein Vater, ein Arzt, die Mutter bat, ihn in der Klinik durch Geschrei nicht zu blamieren. Der zweite spielte in der Praxis mit Reagenzgläsern und mußte im vierten Lebensjahr sterben an Scharlach. Und den Fünfundzwanzigjährigen überfuhr ein Lastwagen, weil er nicht den Mut finden konnte, seiner Berufung, der Musik, nachzugehen, und sich zum Medizinstudium zwang.

In eurem Zimmer hingst Du Deine Unterhose über das Foto des Zukünftigen Deiner älteren Schwester, weil Dir vor seinem Anblick graute.

Beide gingt ihr auf eine klösterliche Mädchenschule. Du warst so gerne dort, daß Du einer Schwester ihre monströse Imponierhaube heruntergerissen hast. Als Pausenbrot gab es hartes Brot mit Honig, der immer auf ekelerregende Weise in das Brot eingedrungen war, das dadurch nur mit Widerwillen zu behandeln war. Einmal 20 Pfennig in der Hand, ranntet ihr zum Metzger, erstandet eine Weißwurst, die ihr auseinandergerissen und noch im Metzgerladen verschlungen habt. Aus der Traum. Aber immer durftest Du in der Schule vor der ganzen Klasse Deine Aufsätze vorlesen. Da mußt Du schon sehr gut gewesen sein, denn geliebt haben Dich diese Gänse des Herrn sicher nicht. Für die Klassenkameradinnen warst Du ein Hoffnungsschimmer, und später haben sie immer gern von Dir gehört und Dir ihr Leid geklagt, weil Du ein offenes Ohr hattest und zu aufmunterndem Zuspruch fähig warst.

Dann wurdest Du ein Lehrmädchen, das für alles gut sein mußte, Dein Spezialgebiet war aber die Stenografie. Beim Diktat hat man Dich angestarrt, Dein langes dunkles Haar, Deine offenen Augen und Dein breites Lächeln, daß der Zustand der Welt auch der seine sein sollte. In diese Zeit fiel Deine größte Leistung: Du hast Dir das Geld für ein neues Fahrrad zusammengespart, eineinhalb Jahre lang. Dein ganzer Stolz. Man hat es Dir gleich gestohlen. Um Dich zu trösten, hat Dich Dein Chef mit einer besonderen Aufmerksamkeit bedacht: Er hat Dir auf die nackte Schulter kaltes, blutiges Kalbfleisch gelegt. Da kam Dein Bruder und alles war vergessen. Du warst seine mütterliche Schwester. Schuis! nannte er Dich, immer mit Ausrufezeichen. Mit 8 Jahren starb er, sein Näschen wurde spitz, seine Augen wurden nicht geschlossen, bis ihn der Deckel eines armseligen Kindersarges verschlang.

Um die Familie verlassen zu können, ehelichtest Du einen, der den Wecken Brot anzeichnete, bevor er ins Büro ging, um zu kontrollieren, ob eine Scheibe fehlte. Konntest Du dem Hunger nicht widerstehen und nahmst Dir eine Scheibe, wurdest Du mit Schlägen bedroht, da hast Du ihm aber derart ins Geschlecht getreten, daß ihm sein Benehmen verging. Du lerntest meinen Vater kennen, und er bestellte Dir nicht nur ein Schnitzel, sondern auch ein zweites und bezahlte es, wie nicht nur ein erstes Tortenstück, sondern auch ein zweites. Er kaufte Dir die schönsten Kleider. Du warst nach München gezogen und hattest endlich eine eigene Wohnung, nachdem Du gemerkt hattest, daß es längst nicht so angenehm war, mit meinem Vater zusammenzuwohnen, wie mit ihm auszugehen. Da war ich schon unterwegs, und wieder hattest Du das Elend, diesmal nicht auf dem Buckel, sondern im Bauch. Du wolltest mit mir sterben. Im siebten Monat hast Du noch gekotzt, weil es vom Schlachthausviertel so in Dein Mansardenzimmer stank. Einen Bauch hattest Du wie eine Ziege. Aus der Traum.

Heute sehe ich das alles ganz anders. Deine lustvolle Erzählweise hat mich immer über alle Niederlagen hinweggerettet, über Deine zuerst, und dann über meine. Wenn ich schreibe, muß ich eigentlich immer an Dich denken. Ich habe auch immer so alte Schreibmaschinen, wie Du sie gewohnt warst. Ich blieb Dir immer auf der Spur. Ich bin Dein Vermächtnis.

Ich habe mich immer ganz mutig durch die Dunkelheit getastet, auch wenn ich allein war. Hatte jemand neben mir Angst, stieg ich gleich zu mutigen Höhen auf. Und ich muß auch heute sagen, daß ich im Innersten keinen Grund finde, Angst zu haben. Ich habe auch immer Glück gehabt. Damit darf man natürlich nicht angeben, aber wissen muß man es.

Es ist längst der zweite Tag, an dem ich Dir schreibe. Sonntag. Und wie an so vielen Sonntagen muß ich daran denken, wie gerne Du die Sonntage gehabt hättest, um ein wenig zu malen. Aber ihr mußtet einen Familienausflug in den Wald machen. Immer hat sich der Vater die Haselstecken abgeschnitten, mit denen er euch unter der Woche verdroschen hat, aber nie die älteste Tochter und nie den Bruder. Später bereiteten unerwünschte Besuche eine ähnliche Tortur, wenn sie mit ihren Belanglosigkeiten auf Dich einredeten und nicht merkten, wenn Du distanziert tatest, aber nicht unhöflich sein wolltest. Solche Leute ohne jedes Gespür nanntest Du nervtötend. Und ich kann mir vorstellen, wie sie mit ihren Sprachruten auf Deine Nerven schlugen. Du wolltest die Zeit nutzen, um ein Gedicht zu schreiben, ein Bild zu malen oder an Gott zu denken, was immer das auch sei. Es gibt zu viele Menschen, die keine Spur in sich finden, um sich auf den Weg begeben zu können, der sie aus sich hinausweist. Sie vergammeln in sich und sind sehr selbstzufrieden. Komischerweise spielt die Intelligenz, soweit sie das äußere Fortkommen betrifft, dabei keine Rolle. Es gibt Professoren, die den Mund aufmachen, und man weiß sofort, daß ein Dummkopf spricht. Die Intelligenz mag wie eine Ware sein, derer man sich bedient. Die Klugheit aber ist ein Fortbewegungsmittel. Mit der Intelligenz kann man auf der Stelle treten, meinetwegen auf einem Stuhl sitzen, mit der Klugheit nicht. Sie ist unruhig wie ein wildes Tier und kennt, vom Menschen aus betrachtet, nur eins: sich vom Menschen nicht erwischen zu lassen. Denn der ist gefährlich, freiheitsraubend, tödlich und schamlos.

Du warst ein so einmaliger Mensch, daß Du Literatur nicht nötig hattest. Dir z. B. den Essay von Heinrich von Kleist über das Puppentheater zu erklären, wäre Dir so selbstverständlich gewesen, daß Dein besagter Blick mir bedeutet hätte, ob ich Dir blöde kommen wolle. Wem muß man auch sagen, daß selbst ein dressierter Bär flinkere Bewegungen macht als ein geschulter Kämpfer, der ist doch immer verloren, wenn er keine Waffe hat. Oder daß das Bewußtsein um die Erde rennen muß, bis es einem wieder von hinten begegnet. So hast Du keine Bücher gelesen. Ein tönerner Buddha saß auf Deinem Bücherbord, das waren Schmuckbücher, die man Dir geschenkt oder vererbt hatte, und sah mißmutig unter seiner grünen Glasur vor sich hin. Selbst die Meditation war ihm zu blöde. Schließlich traut sich der Geist in allen Lagen heraus, wenn er vorhanden ist. Er kann auch in sich zusammenstürzen und in Licht aufstrahlen, das nennen sie dann Erleuchtung und jammern, wenn sie das so heiß ersehnte Ziel erreicht haben, weil dann das Leben noch härter wird, angeblich. Wenn sie ein hartes Leben wollen, wozu dann die Erleuchtung? Hat der Mensch die Fähigkeit, sich auf allen Etagen seines wundersamen Hauses, das er nun einmal ist, was vorzumachen? Die im Keller loben ihr Licht, die auf dem Dach ihre Finsternis? Ich kann das nicht bestätigen.

Jetzt esse ich einen Apfel.

Dann trinke ich Tee.

Nachdem sich die betrunkenen Plärrmäuler tief in der Nacht

verduftet haben, kommen am Sonntagnachmittag langsam die bayerischen Dauerredner auf. In ihrer dummen breiten Art reden sie dahin, als wäre es nur immer einer. Abwechselnde Stöckelschuhe sind eine Wohltat. Jüngere Leute hört man nicht, außer sie sind von einem Fußballverein, aber die haben sich gestern ausgetobt und ausgeschleimt. Für Dich wäre diese Innenstadt nichts. Auch im Haus selbst ist nicht Deine Sparte von Menschen. Obwohl sie Schauspieler sind, machen sie außergewöhnlich auf gewöhnlich, und dementsprechend ist ihr Status: meist arbeitslos. Der Himmel hat sich zugezogen, und ich halte Ausschau nach Gedanken, freundlich und friedlich.

Herbert, du darfst nicht Masse werden. Das ist auch von Dir. Oder Deine Empfehlung im Kriegsfalle, eines meiner Beine in der Dampfheizung so lange zu traktieren, bis ich untauglich bin. Wo sollte sich bei solchen Ansichten ein Faschismus ansiedeln? Da sind andere Köpfe schon näher dran. Das Bild von gestern ist richtig lustig: Der Löwe schaut, als sammle er Wärme auf seinem Gesicht.

Die Bilder malte ich kurz vor meinem Besuch in Berlin. Ich dachte, daß ich endlich meine Bilder male. Aber was heißt das schon? Die Sätze aus dem Lauf meines Lebens machen sie doch vielleicht etwas wuchtig, das fängt die Zeitung als Bildträger vielleicht nicht auf. Aber sie sind auf jeden Fall einmalig, und Du würdest sie sofort in Dein Herz schließen. Zumal, wenn Du die Menschen erkenntest, die zuweilen dahinterstehen. Ich kann ja kuriose Ähnlichkeiten herzaubern. *Adilostraße* heißt ein Bild und hat den Spruch drauf:

HIERDA HIESS DAS MÄDCHEN
UND DER HIMMEL HIMMELIM
IN DEN BLÜTEN WAREN BIENEN DRIN

Zu sehen ist meine erste Frau, die Du ja wirklich noch kennst. Bei Deinem Tod war sie in Deinem Haus, und Du treibst sie immer noch rum, da sie mir manchmal noch schreibt, ich sollte Dich erlösen, und meine kleinste Tochter sei eine Wiedergeburt von Dir. Ich kann den Quatsch nicht hören. Auch sollte ich mich Gott zuwenden, denn er sei die Liebe. Daß diese Leute immer so aufdringlich sind, als merkten sie von der eigenen Wahrheit nichts und bräuchten Dümmere, die darauf hereinfallen, was ihnen nicht gelingt. Nun, ich habe sie gemalt, wie sie mit einem Feldblumenstrauß die Treppen hoch an Deine Haustür tritt. Braun und glänzend vom Radfahren, gefiel mir ihr stürmischer Auftritt, den ich unentdeckt vom Geländer des Balkons oben aus mitbekam. Der Hurensohn, der Dich vor zwei Jahren im Flug, dem verhängnisvollen, mit dem Scheißbalken, nicht aufgehalten hat, geländerlos, wie er noch war. Das Neueste, was ich von dieser Frau erfuhr, war, daß sie nun annimmt, daß nicht ihr Vater, sondern ihr Großvater ihr Vater war, als änderte das was. Zur Zeit ihrer Zeugung sei nämlich ihr Vater in Rußland gewesen, im Krieg, und das erkläre dann auch, daß ihre Mutter sie nie gemocht habe, und somit sie sich selbst auch nicht. Liebe Frau, denke ich mir, habe ich mich mit dir nicht lange genug herumgeschlagen! In zähen Abenden im Wirtshaus mußte ich sie von meiner Seite wegsaufen, denn was ich für ein anhänglicher Trottel bin, weißt Du vielleicht gar nicht. Du machtest zwar kurzen Prozeß, aber dann trieben Dich die Erinnerungen um und sprudelten nur so aus Dir heraus, daß man gleich gar nicht zu Worte kam – wenn man zu Worte hätte kommen wollen, ich hörte Dir ja viel zu gerne zu. Du machtest aus allem Deinen Triumpf, egal, was es gekostet hat. Als Heldin stehst Du vor mir. Wenn Du je Dank von mir erwartet hättest, wüßte ich nicht, wie ich Dir danken sollte. An den Kindern hing ich sehr. Als sie abwanderten, sah ich mit Entsetzen, mit wem ich zurückbleiben sollte.

Ichmuß eine kleine Pause machen, um daran zu denken, wie es war, wenn wir bei einem Münchenbesuch im Wirtshaus aßen – ich aß damals so gerne im Wirtshaus –, wie Du vor Deinem Schoppen Bier saßt, nipptest und Dich sofort betrunken fühltest und nicht mehr trankst. Unter der Terrasse habe ich all Deine großgewordenen Koniferen im nächsten April abgeschlagen und sie zu Deinem von der Bahn gepachteten Streifen an der S-Bahn geschleppt und mit Deinem braunen Büstenhalter bei einem blühenden, schwarzstämmigen Haselstrauch verbrannt, obwohl ich das Haus dann verkaufte, nicht nur wegen dem für mich unerträglichen Zuglärm, den Du mochtest, weil Du, in Bahnhöfen groß geworden, die Gleise Deiner Sehnsucht liebtest.

Wenn es ein wenig ging, war auch ich immer guter Dinge. Ich schwang mich auf mein Fahrrad und radelte donauabwärts. Im Nu war ich bei dem Marienwallfahrtsort, zu dem ich mit meiner Oma und ihren zwei alten Freundinnen so mühsam über die Berge gewandert war – und vorbei. Dann kam so eine Gefallenengedenkstätte. Nanu, sagte ich mir, als ich die überzähligen Kreuzlinge in ihrer tödlichen Ordnung so weiß da stehen sah, war denn hier eine Schlacht? Man kann sich ja heute gar nicht mehr vorstellen, wie weit noch zu Anfang der sechziger Jahre der Zweite Weltkrieg entfernt war. Eigentlich war er weiter weg als der Erste. Aber ich darf Dir jetzt auch ganz persönlich gestehen, daß ich manchmal selber nicht weiß, von welchem Zeitpunkt meine Betrachtungen ausgehen, und Du wirst jetzt sicher das größte Verständnis haben. Schade, dachte ich mir in der Aprilhitze, daß sie als Soldaten sterben mußten, für nichts, als hier die Gegend zu verschandeln, und strampelte weiter. Tapfer sah ich zu den Pappeln, die wild ihre orangefarbenen Blätter herausstreuten und sich einfach mit nichts anderem beschäftigen konnten. Kam so eine kleine Fabrik des Weges, tat mir das leid. Suche ich auch nicht die Idylle, so liebe ich doch Fabriken nicht. Ich bin immer wieder erstaunt, wie ich durch mein Leben spazieren kann, ohne meine Ansichten ändern zu müssen. Menschen begegne ich auch eher immer wieder lieber nicht. Nicht, daß sie mir wertlos wären, aber weil sie sich so wertvoll geben. Du weißt, wie selten ein origineller Gedanke aus einem Menschen ist und wie häufig sie einen mit Gleichgesinntem, mit Glühbirnen, überhäufen und sich dabei aufmandeln, als wären sie der Erfinder des Kühlschrankes. Ich raste einfach weiter. »Grüß Gott«, sage ich gerne, mehr nicht, obwohl ich immer häufiger »Grießbrei« sage. Da rannte ich hastig in eine Metzgerei zu einer Regensburger und einer Brezn, die ich bereits wieder auf dem Fahrrad verzehrte. Ich hatte ein schnelles Fahrrad: Ich war trainiert. Und jetzt, da ich nicht mehr Leichtathletik betrieb, konnte mir das Radfahren auch nicht mehr schaden. Es war ja bereits 4 Jahre her, daß Du die fürchterlichen, nur von Dir zu ertragenden Kreuzschmerzen hattest und ich bereits der bildenden Kunst beide Augen zugeworfen hatte, weil ich meinen Beruf möglichst lange, trotz körperlicher Gebrechen, ausüben wollte. Ja.

Inzwischen hatte ich die Donau überquert und einen Blick auf sie geworfen, wie ich immer Blicke auf die Donau werfe, wenn ich sie überquere, in Passau wie in Regensburg, Vilshofen oder Linz. In Budapest war ich noch nicht. Aber in Krems. Auf der anderen Seite der Donau hatte ich nochmals an die 33 Kilometer zu strampeln. Da ich die Donau verlassen mußte, wurde es bergig. Endlich kam ich bei der Molkerei an, in der meine erste Frau wartete. Der Großvater war vor nicht allzu langer Zeit gestorben, so saß er in seinem Lehnstuhl noch immer ein wenig da. Die Wohnung war auf die hohen Räume der Molkerei unter das Dach gepreßt. Die Oma war so ein Gebißzuzzler und mir auf den Schlag so unsympathisch, daß für die Enkelin gleich ein Bonus übrigblieb, aber Liebe? Die Oma war schnell aus meinem Leben hinausgeschoben, bei der

Enkelin dauerte es 20 Jahre, denn ich hing so an meinen Kindern, daß ich selbst mit einer Wildsau als Frau versucht hätte auszukommen, nur um nicht ihre Nähe zu verlieren, aber was sage ich? Eine Wildsau hätte mich in Ruhe gelassen. Durch die Heirat war ich auf einmal so gelähmt, daß ich mir nichts mehr vorstellen konnte, kein Gedicht, kein Bild und nicht einmal mehr, wie ich ein wenig zu Geld kommen sollte, was mir als Schnelldienststudent wirklich nicht schwergefallen ist, mich herumkommen und Erfahrungen sammeln ließ. So mühsam mußte ich mit meinen Kindern wieder das Heranwachsen üben.

Ich verliere nicht die Spur.

Siehst du im Wald eine Hasenspur, was folgerst du? Ein Hase. Siehst du aber im Wald viele Hasenspuren, was folgerst du dann? Mehrere Hasen. Und nicht, daß einer um sich herumgesprungen ist. Und bei diesen Wildhasen willst du doch nicht einen bestimmten verfolgen! Du kennst doch keinen! Also ist eine jede Spur recht, denn sie führt immer zu einem Hasen.

Da sitzt so ein ausgewachsener Lümmel unter einem Tännling. Hochnäsig macht er mit seiner Nase die Hasennasenbewegungen. Seine grauen Barthaare zittern. Durch seine Augen versuche ich mich zu erkennen, aber ich erkenne mich nicht, weil ich mich nicht rühre.

Du mochtest, wie ich mit Tieren umgehe.

Nun wollte ich ja meiner ersten Frau nicht zu nahe treten. Du hattest mich gewarnt, welche Absichten Frauen haben können. Man habe schnell eine Frau mit Kind hinter sich – wer wüßte das besser als ich. Aber ich kann heute noch im Gras sitzen und in die Sonne blinzeln und der schönsten Unschuld den Schein aufsetzen, nicht ganz unschuldig zu sein, indem ich mich zu einem Kuß hergebe, aber genau spüre, daß ich keine Liebe habe und nur dieser Geschlechtssalat übrigbliebe. Ein wenig fotografieren, die Abschlußlinie, besser die Abrißlinie des nächsten Waldstücks bemerken, froh sein, daß sich die Erde weiterdreht und somit die Sonne sich senken kann. Dann sitze ich im Wirtshaus bei einer kleinen Speise und kann in das immer noch vorhandene Tageslicht so bedeutsam hinausschauen, daß ich alles überhören kann. Und sollte mich jemand ansprechen, kann ich ja seinen Dialekt. Ich muß schon einen erhabenen Eindruck gemacht haben, denn die Kellnerin sprach nicht mit mir. Ich hatte kein Bedürfnis nach Geselligkeit. In mir war einfach etwas los. War nichts los, dann tat ich so, als wäre was los. Aber es war ja immer etwas los in mir, wenn mich nur nicht diese Leute auf ihr Nivo nötigten. Ob hinauf oder hinab, spielt hierbei keine Rolle.

Ich hatte einen Zwanzigmarkschein bei mir und einen Schlafanzug. Sie waren grün und grau. An dem Schlafanzug habe ich mich später in einem meiner Bücher gerächt. Er kratzte nämlich. Mich nackt ins Bett zu legen war unvorstellbar. So ein starkes Zeichen hätte eine Frau zur gleichen Haltung beschwören können – das wollte ich nicht. Ich saß in meinem Zimmer und schrieb Gedichte. 48. Dann zog ich den Schlafanzug an und legte mich hin. Drei Tage lang die Hinzögerungstaktik mit dem Schlafanzug. 110 Gedichte waren nötig, mich endlich zu dem sperrigen Schlafanzug zu begeben. Da trainierte ich schon für die Ehe. Nur habe ich mich dann von der Frau weg zu meinem gemeinen Schlafanzug gesehnt.

Am dritten Morgen stand ich vor der ruhigen, molligen Bedienung, die aber gleich ganz schön älter war, weil sie, siebenundzwanzigjährig, mich wie einen Jungen behandelte. Egal. Sie war mir überlegen. Ich hatte noch 8 Mark. Die Übernachtung kostete 4 Mark. Drei mal vier ist 12 Mark. Fehlen 4 Mark. Sollte ich sagen, daß ich insgesamt nicht eine

Nacht im Bett gelegen hatte? Dumme Gedanken, weg! Sie verlangte von mir 4 Mark. Die Gaststube ruhig verlassen. Renn nicht durch den Gang! Nicht umdrehen. Aber kaum war ich auf dem Fahrrad, war ich auch schon weg. Damals dachte ich mir, daß die Kellnerin eher dusselig war. Heute neige ich eher dazu, sie gnädig zu finden. Was sagst Du?

Die vier mächtigen Bäume darf ich nicht vergessen, die an der Sohle eines Wiesenhanges standen, zu beiden Seiten eines Sträßchens. Damals fing man die Bauernwege an zu asfaltieren, damit die Landwirte mit ihren ungebührlich großen Traktoren schneller ihre Felder erreichten. Seinerzeit fing der Staat an, die Bauern mit billigen Krediten zu verderben und die Landschaft zu zerstören. Die Bäume hatten so drollige auberginefarbene Blütenstände, um die sich so viele Bienen tummelten, als hätten sie endlich ihr Paradies gefunden. Das war ein Summen, daß ich meinte, nun sei es unnötig, Gedichte zu schreiben, denn das Unaussprechliche läge endlich in der Luft und so nah wie das eigene Herzpochen. Im selben Jahr heiratete ich noch. Es muß auch damals gewesen sein, daß ein deutscher Filosof behauptete, nach Auschwitz könne man keine Gedichte mehr schreiben, eine Unverschämtheit, und ich konterte, daß man nach Auschwitz nur noch Gedichte schreiben könne, was ich schließlich auch tat. Aber vorerst verstummte ich.

Ich mußte zu den Toten hinunter und kündete in kurzen Wenigzeilern, was ich noch sah. Die Stadt war zum Ersticken, und das Land ebenso. Wie ein Rüssel hing mir die Trauer vorm Gesicht, unbrauchbar und schwer. Du tröstetest mich, indem Du meine Gesichtsblässe anklagtest und mich in Deine geliebte Sonne schicktest, die ich weiter mied. Hättest Du in mich gesehen, hättest Du geweint. Sicher hast Du oft wegen mir geweint. Erst heute trösten mich Deine Tränen. Damals wurde ich müder und müder, als hätte ich eine Last zu tragen, der ich nicht gewachsen war.

In vier Stunden geht mein Name um die Welt. Das gefällt Dir, gell? Und wieso? Weil ich den Goldenen Bären von den Berliner Filmfestspielen bekomme. Ich habe das in Berlin in einem jeden Interview verkündet. Auch dem Festivaldirektor sagte ich es auf seine dicke Brust zu. Sein kranker Kopf war so weit oben und entschuldigte sich, daß er keinen Einfluß auf die Entscheidung der Jury habe. Im Eifer des Gefechts und im Taumel der Euphorie habe ich vergessen, daß ich nach dem letzten Abschnitt 10 Minuten geschlafen habe. Als ich wieder aufwachte, überprüfte ich sofort meinen Glauben an die goldene Trofäe und fand ihn ungebrochen vor. Inzwischen ist es Nacht geworden, in den Stunden bis Mitternacht könnte meine Überzeugung wie ein Wahn zerträufeln. Meine Interviewer teilten meine Siegesgewißheit nicht immer, aber ein Stück konnte ich sie schon hochreißen. Einer meinte sogar unschön, daß ich ihn verdiene, weil ich sooft angetreten bin und nichts bekommen habe. Wenn Du dabeigewesen wärst, hättest Du eine Windel anhaben müssen.

Auch die Pressekonferenz verlief gut. Hinten und vorne wurde ich gelobt. Ich sprach über Auschwitz und eine Bushaltestelle, an der andere Filmemacher ordnungsgemäß stünden und auch von den Filmbussen abgeholt würden. Während ich auf der anderen Seite stünde und auf den Bus wartete. Während meine Kollegen und ganz großen Hollywoodkollegen mit großem Hallo abrauschten und ich gar nicht an der Bushaltestelle stünde, sondern gegenüber und auf den Bus wartete. Der kommt tatsächlich einmal im Jahr und nimmt mich allein mit, sagte ich. Ich mache nämlich seit Deinem Tod ein jedes Jahr einen Film. Ich weiß nicht mehr, was ich sonst noch alles sagte. Z. B. vom Rechtsradikalismus ließe ich mich nicht zum Deutschnationalen machen wie andere Kollegen, vor allem bekannt aus der Literatur, wo sich noch mehr Mittelmaß tummelt als im Film. Soll ich sagen, daß man sich um mich gerissen hat? Mein letzter Film handelt von einem jüdischen Buben, der von einem deutschen Kameramann aus dem Warschauer Ghetto gerettet wird und durch Rechtsradikale in unserer Zeit zu Tode kommt. Da habe ich endlich den Mut gehabt, das zu machen, was mich schon immer gejuckt hat: die Identifikation mit den Verlierern, ja mit den Vernichteten. Als man mich fragte, wer denn am Dritten Reich schuld gewesen sei, sagte ich nur: Die Juden nicht. Aber weißt Du, was mich am meisten berührt hat? Als nach der Pressekonferenz ein kleiner alter Mann auf mich zuging, freundlich und friedlich, mir seine eintätowierte Lagernummer am linken Handgelenk zeigte und mir sagte, daß er in Birkenau gewesen sei und ihm mein Film gutgetan habe. Da war mir alles andere Wurst, auch der Goldene Bär. Bitte sei mir nicht böse, wenn ich jetzt sage: Bevor ich noch einmal innerhalb so kurzer Zeit nach Berlin fliege, verzichte ich lieber auf den Goldenen Bären.

Sei froh, daß Du tot bist, denn eine derartige Auszeichnung Deines Sohnes hättest Du nicht überlebt. Dein ganzer Traum war doch die Goldmedaille. Und das Gold. Ich habe daraus gelb gemacht.

Bei meiner Dankesrede werde ich sagen: Drei Dinge habe ich mir für mein Leben gewünscht – eine Ehrenhäuptlingswürde bei den Ogalalla Sioux, einen Baum der Gerechten in Jerusalem und den Goldenen Bären von Berlin. Eines davon habe ich erreicht. Ich bedanke mich sehr. In Jerusalem wird es schwierig werden. Denn für mich ist es fürchterlich, wenn ich die Tränen nicht zurückhalten kann. Hast Du mich einmal weinen sehen? Und bei den Indianern will ich sowieso bleiben und sterben. Ihr Gesang ist mein Rhythmus.

Als ich die 3 Tage hinter mir hatte, saß ich allein im Foyer des Interconti, wurde noch schnell von 2 Fotoreportern gestellt, mit meiner kleinen Tochter posierte ich ihnen, dann war der Zauber vorbei. Im Abreisemantel dachte ich mir, das wird jetzt hart, so allein. Und tatsächlich verließ ich sofort meine Familie, nachdem ich sie in ihre Wohnung gebracht hatte, und ging hierher.

Aber wir sind noch im Interconti. Ich sitze also schon im Abreisemantel, warte auf die Familie und das Auto, das uns zum Flughafen bringen soll. Da kommt in einem Pulk dunkler Männer Harvey Keitel. Und es war mir gegen meine Gewißheit sonnenklar, daß sein Film den Goldenen Bären bekommt. Er erinnerte mich an den verkleinerten, verjüngten und gewaschenen Jack Palance, so krummbeinig, und so schiefwinklig sein Mund. Wenn der mit seinem Gestell unter der Bettdecke liegt, dachte ich mir, schaut die Bettdecke aus, als liege eine Harley Davidson darunter. Und wenn er eine Frau bei sich hat, wird er sich einem Motorrad gemäß benehmen.

Aber wenn es nichts wird, dann nimm bitte diese Zeilen als Honig ohne Brot. Jetzt sitzen die Juroren beisammen. Beeinflusse sie! Bei meinen Schulaufgaben hast Du mich immer bestrahlt, aber da hattest Du noch das schwarze Loch eines Selbstmordes vor Dir. Da kamen die Strahlen nicht heraus, denn sonst wären meine Noten bestimmt besser gewesen. Aber jetzt, da Du alles hinter Dir hast . . .

Harvey Keitel gab nur 2 Stunden für die ganze Welt. Das sagte mir sein Distributor, der auch der meine gewesen ist und mich so gut betreut hat, daß er gewiß wieder ein Bier mit mir trinken will. Als ich gar kein Geld hatte, nahm er auch ein Bild von mir. Das waren oft harte Zeiten, in denen ich meine 25 Filme durchstand. Ich habe nie geschwankt, und wenn, dann wie ein Weidenast, der nicht von seinem Stamm abläßt, wie ihn der Sturm auch zaust. 2 Stunden weltweit, und ich kämpfte täglich über 2 Stunden mit der deutschen Medienprovinz. Nur ein Holländer war dabei. Wegen mir ließ er einen Amerikaner warten. Wir hatten ein sehr ernstes Gespräch. Der Mann war noch jung, hatte in der Judenvernichtung 50 Familienmitglie-

WIE SIE WIS SEN IST MAN ZU
ERST UM DIE EIGENE BE
FINDLICH KEIT BESORGT

Mutter

der verloren. Verzeih mir meine Genauigkeit und bezweifle sie nicht. Als man mich in Berlin endlich fragte, was ich mit dem Goldenen Bären machen wolle, sagte ich, daß ich ihn unter die Stoffbärchen meiner sieben Monate alten Tochter stelle.

Darf ich dein goldener Bär sein?

»Mutter« heißt das letzte Bild.

Darf ich eine Pause machen? Ich darf eine Pause machen. Wie nach allen Interviews zu Fuß möchte ich mich jetzt nochmals zu den Krokodilen des Aquariums des Berliner Zoos begeben. Sie lagen groß da und vermittelten das Glück, ihnen nicht zu begegnen. So viele Handtaschen! Deine Taschen, Dein Mantel waren einmal nach Weihnachten bereit zur Abreise. Da ging es bei Dir hinten und vorne los. Du mußtest noch einen Tag bleiben. Ich wußte nicht, was ich empfinden sollte, Freude oder Schadenfreude. Ich erinnere mich an eine Nacht, die ich außerhalb des Zimmers auf dem einschneidenden Ring des Scheißkübels verbrachte. Meine Tante hatte mir in Kandlbach alles gekauft, was ich wollte. Nun lag sie mit der Oma in einem Bett, und ich saß mit einer Kerze im gespenstischen Speicher und litt, durchlitt alle Speisen, angefangen bei der Banane.

Was ich denke?

Daß ich ein neues Tippex brauche.

Auch eine Zeitung habe ich wieder zu einem Bildgrund zusammengeklebt, ein Dossier über die Gehirntätigkeit. Wenn die lange Deckweißwurst in der Schale im Tee versinkt, schaut sie anfänglich ebenfalls aus wie diese bläßlichen Gehirnwindungen. Ich verrühre nämlich die Farbe nicht gleichmäßig, sondern trage sie unverrührt, schlampig in unterschiedlicher Dichte auf, denn bin ich ein Anstreicher? Sechs Hirnhäufchen sparte ich aus und beschmierte sie mit etwas Schwarz. Es ist nicht einfach, dem Denken auszuweichen.

So schlecht ist das fertig gemalte Bild auf dem Boden gar nicht. Du fändest es geheimnisvoll. Als ich ein Zimmer bei Dir hatte, meine Bilder darinhingen, gingst Du oft hinauf und ließest sie auf Dich wirken. Das hat Dir gutgetan. Auch ausgewählte Gäste aus Deinem Kundenkreis durften meine Bilder bestaunen. Ich habe zu oft zu Dir gesagt, daß Du nichts verstehst, das hat Dir weh getan. Wenn ich schon so dumm war, wollte ich nicht, daß Du gescheit redest. Auch heute muß ich mich strecken, um Dich zu erreichen.

Eine Darmentleerung hilft immer weiter. Das Ende der Verdauung ist erquicklicher als sein Beginn. Wem sage ich das! Das Kochen empfandest Du als Zeitverschwendung. Aber Dein saures Kartoffelgemüse mit abgebräunten Wollwürsten war unerreicht! Einen Apfel habe ich noch.

Da ich die Zeitungen gestern noch in den Papiercontainer getragen habe, fehlen mir Unterlagen zum Weitermalen. Am Abend kaufe ich mir die Zeitungen vom nächsten Tag, am Marienplatz vorne. Die unersetzliche *Süddeutsche* und die *AZ*. Die hast Du immer gelesen, sie verbindet mich mit Dir immer noch, obwohl ich darin nur in den ersten drei Seiten und im Feuilleton lese. Die *tz* ist mir von Anfang an fremd geblieben, soviel Druckerschwärze mit ihrem Geruch. Deine *Bildzeitung* habe ich nicht übernommen. Was hat man sich über sie aufgeregt, mir war sie gleichgültig. Am Samstag kaufe ich mir die zwei großen Frankfurter Zeitungen. Die *FAZ* hat ja meine Sachen oft abfällig behandelt, aber über meinen neuen Film brachten sie einen Artikel anläßlich Berlin, der allein um meinen Film ging und ihn nur lobte. Früher erwähnten sie meine Filme nicht einmal in ihren Berichten, so, als wären sie nicht gelaufen. Sie meinten, ich sei böse und ein absichtlicher Querulant. Dabei bin ich doch nichts als so ein kleiner Rühmann, der sein Bestes tut. In meinem letzten Buch habe ich leider wegwerfend über ihn, und seinen Namen absichtlich falsch, geschrieben, das tut mir leid. Inzwischen hatte ich Gelegenheit, seine Filme mit Siodmak oder Ophüls zu sehen und revidiere meine *bad mind. Lachende Erben* ist ja ganz unglaublich köstlich. Auch *Mein Schulfreund* von Libenauer ist eine bittere Abrechnung mit den Nationalsozialisten zu ihrer Herrschaftszeit und vor allem danach. Du wirst das nicht gesehen haben. Ich erinnere mich aber, wie Du mir von *Rampenlicht* von Chaplin vorgeschwärmt hast. Es war Dein Film. Unmöglich, daß ich sagen hätte können, wie sehr ich dieses *Limelight* liebte. Ich sagte nicht einmal, daß ich ihn gesehen habe und wie oft. Es war ja Dein Film. Meine Filme waren die Western. Aber auch davon sprach ich nicht. Noch heute leide ich an dieser Sprachlosigkeit und freue mich an Deinem freien Gefühlsausdruck. Wenn mich das Elexier der Fantasie nicht packt und alles zur Fantasie macht, bin ich sehr verloren. Dann kann ich nicht denken. Dann bin ich eine Hülse, die sich durch den Tag schleppt, die nichts erlebt hat und nichts erleben wird. Da bin ich nicht nur gedankenlos, sondern gedankenleer, und die Gegenstände liegen wie Hundehäufchen herum. Dann aber kommt wieder dieser Wind, und was ich sehe, wird ein Gedanke. Da bin ich immer wieder erstaunt, wenn Denken und Lebensfreude eins sind. Das scheint bei anderen Menschen nicht so zu sein. Die sind immer mehr oder weniger gesprächig. Ihre Gedankenblätter hängen immerzu an ihrem Hirnbaum, während die meinen durch die Straßen jagen und sich aufführen, als gäbe es nur sie. Was da *querdenken* sein soll, weiß ich nicht, aber vielleicht ist es das.

Eine Zeitung, um nur darauf zu malen, habe ich mir noch nie gekauft. Noch zwei Bilder. Es reicht. Es muß reichen. Ich bekomme die Hitzen. Du kennst das. Daß man einfach weitermacht. Sich stehen läßt. Und schaut, ob man umfällt. Man fällt nicht um. Wenn man das Richtige macht. Daß Du kurz vor Deinem Ende noch den Handstand in der Kassenhalle der Sparkasse gemacht hast, war zuviel. Du bist zusammengebrochen. Einen jeden Morgen denke ich daran, wenn ich meinen Yogakopfstand mache. Ob ich das in Deinem Alter noch kann? In sechs Jahren?

Am fünften Tag komme ich gar nicht weit. Und doch ist der Nachmittag vergangen. Er stand herum und war weg.

Dienstag: Du kannst Dir gar nicht vorstellen, wenn der Sonnenschein auf den Ästen liegt wie Schnee so licht. Mußt Du auch nicht, nach dreimalsieben Todesjahren. Ich stellte mir gerade vor, nachdem ich zwei Bilder gemalt habe, *Rauch* heißt das eine und das andere *Scham*, wie ich mir im Waldviertel eine Lehmhütte baue um Zeltstangen und mit Lehm beschmierten Strohwürsten, die ich mit Kalk tünche. Um einen gekalkten Lehmboden mit Feuerstelle, und endlich mit einem Messingbett darin. Ich, nenne ich die Hütte, die auch noch ein Schränkchen birgt, das einen Buddha schützt, den ich in Tokio erstanden habe, und 7 Bilder aus meiner frühesten Kindheit, die ich malte, bevor ich mit meiner letzten Frau freiwillig ein Kind zeugte. Die 35 Lehmsäcke erwarb ich als erstes, als wir zu sechst mit den Bauarbeiten begannen. Es gab so viele schöne Steine, die ich herumschleppte und mein Kreuz ruinierte, aber lange nicht so schlimm wie Du Deines. Du *mußtest* Dich weiter bewegen, ich *kann* mich weiter bewegen. Zuerst meinte mein Arzt, ich sollte nicht einmal mehr schwimmen, nur im Wasser stehen und kreisend die Arme bewegen. Ich aber rackerte mich weiter mit diesen Steinen ab, und der Arzt fragte mich, ob ich mir vorstellen könne, daß ich andere diese Steine bewegen ließe, und ich verneinte.

Wieder gen Osten in den Wald fahren, wieder weg von der Meinung, wo was sei. Wieder der einsame Anspruch, zu bewältigen, der Mittelpunkt des Lebens zu sein, meines eigenen, und sich nicht abgeschoben vorzukommen, gelingt mir nicht immer.

Scham

Ich habe immer das Gefühl, daß ich mich durch einen Kanal hochrobbe, und selbst wenn ich gerade steckenbleibe, fühle ich mich so hoch oben wie noch nie. Ist es ein Rohr in der Erde, werde ich am Ende weggehen. Ist es ein Schlot in der Luft, werde ich wegfliegen. Wunschdenken ist für mich die wichtigste Art von Denken überhaupt. Der Mensch hat immer nur Fortschritte gemacht, wenn er den Mut hatte, sich ins Unbekannte vorzuwagen. Sollen sie doch auf der Erde klebenbleiben, diese Leute, die für alles eine wissenschaftliche Erklärung verlangen.

Ich muß mit heute morgen beginnen, damit ich in den Fluß komme. Schlafen vorbei: wie ein Fisch aus dem Wasser geworfen, ein paar Sekunden irritiert, dann beginnt die Katastrofe. Nach einer halben Stunde geht es wieder. Dann rettet mich die Fantasie. Obwohl Dienstag ist, kann ich mir einbilden, daß noch Montag ist. Es ist auch noch Montag, denn gestern kam ich nicht in den Fluß. Gestern stand ich den ganzen Tag. War zu sehr der Anziehung des Erdmittelpunkts ausgesetzt. Daß sich die Erde dreht, langt mir nicht. Um das Gefühl des Lebens zu haben, müssen sich schon auch meine Gedanken drehen, nach außen drehen, damit sie etwas auslassen und mitnehmen können. Wenn sie das verstehen, verläßt mich auch mein schlechtes Gewissen, meiner Familie abhanden gekommen zu sein. Vielmehr kriege ich Hoffnung, daß ich wieder zurückfinde und es besser sein wird als je zuvor. Dann ruft mich schon mein Produzent an, daß er einen jungen englischen Komiker für das nächste Projekt wisse, und ich mache mir endlich klar, was für eine Erleichterung es für mich bedeutet, endlich nicht mehr schauspielern zu müssen. Auf einen Fragebogen der *tz* habe ich eh mich als den schlechtesten Schauspieler hingeschrieben. Von mir will ja nicht einmal eine amerikanische TV-Show, daß ich ihr die Handhabung der Weißwurst offeriere. Was ich natürlich höhnend ablehnen würde. Mit meinen

25 Filmen habe ich nun wirklich mein ganzes Leben aufgearbeitet, sogar mit einer Alternative zum Schluß, vor der ich mich immer fürchtete und die ich immer erwünschte. Auch das Bücherschreiben kann nicht ewig weitergehen. Dies hier soll nur noch das erfreuliche Pendant zum letzten werden, das in Trauer versank. Ich bin nicht mehr traurig. Ich muß mich nicht mehr mit dem Tod bedrohen. Ich muß mein Ende nicht mehr an mich ziehen. Da ich z. Z. meine Familie nicht ertrage, rumpelt mein Herz natürlich da unten und möchte über den Haufen stoßen, was ich mir hier leiste. Halte die Familie aus, sagte ich mir in letzter Zeit, sonst wirst du nie ein Komiker. Aber meine Frau ging noch viel weiter: Du hältst mich nur aus, sagte sie, damit du die Erleuchtung erlangst. Die Gute.

Bin froh, wenn ich mir drüben ein paar Äpfel kaufen kann. Mhm, sagte ich oft wie Du, wenn Du Dir Deinen Teil dachtest. Die ganze Wirklichkeit eines Parmaschinkens könnte ich nicht ertragen. Die ganze Wirklichkeit.

Und nun ein Beispiel von der schrecklichsten Wirklichkeit: Als ich nicht mehr fähig war, mich zu unterhalten. Geben wir ihm den Namen Destouches. Ich darf hier nicht den Namen des Hinterlands am anderen Ufer des Sees nehmen, von dem ich noch später erzählen werde, weil mir sonst die Vision von der Gegend schwindet, in der viele meiner Filme angesiedelt waren, die genau die ist, die ich kenne, nur eben nicht so mühsam, so bestimmt und ohne Menschen. Ganz und gar ohne Menschen. Ja, ich war es gewohnt, mich zu unterhalten. Und nun mußte ich einmal mit einem Mann aus der Destouchesstraße an die 2 Stunden durch den Nebel ebendieser Gegend gehen, durch Rauhreif, Kälte und Schnee. Während er redete und redete, wußte ich, der Winter ist unaufhaltsam endlos. Meine Kinder liefen neben uns und waren doch so weit entfernt, daß sie meine Schreie nicht erreicht hätten. Hunde hatte ich noch nicht, Hunde hätten mich vielleicht gesehen und mir vielleicht zu erkennen gegeben, daß ich da bin. Mit einem Blick. Du lebtest damals noch. Ich hatte bereits geschrieben und konnte bereits nicht mehr schreiben. Wenn ich behauptet habe, daß *Die Alexanderschlacht* der Extrakt von 5000 Seiten sei, so kann ich das bei diesem Goldenen Bären mit 4000 Seiten belegen, die ich hinter mir und veröffentlicht habe in 4 Bänden. Ich saß in einem einzigen Gedanken, den ich nicht kannte, und wurde von ihm wie in einer Waschmaschine geschleudert und an die Trommel gedrückt, gepreßt, ich drohte lautlos zu ersticken.

Schrieb ich später, hörte ich auf, wenn ich auf einen Vorwurf gegen Dich stieß. War ich doch wohlmeinend erzogen und mußte so wohlmeinend in Deiner Abwesenheit sein, daß ich in diesem Zwiespalt gar nicht an Dich dachte, denn mir vorzustellen, daß es mir vielleicht so schlecht wie Dir erginge, war eine Unmöglichkeit, daß mich nicht die ganze Schuld träfe an Deinem Unglück, ein Unding. Ich wußte kaum, wo und wie ich stehen sollte noch wohin ich gehen und wo ich bleiben sollte. Ach, was bringen mir diese Pausen? Sie drohen meinen Brief in seiner Gefühlssuche zu mindern. Pardon!

Im Frühling darauf fuhr ich lustvoll mit einer weiblichen Leiche im Kofferraum in dieser Gegend hin und her. Besuchte hier seltene Narzissen aus den Alpen, die klein und weiß blieben, als wollten sie der Gegend nicht glauben, oder ich besuchte das sulzige Eis auf einem Moorteich, in das die Sonne so vielseitig eindrang und es wegfraß. Auch Polizisten fuhren hin und her und hielten bei heruntergelassenen Fenstern frech Ausschau nach Verkehrssündern. Ich hielt auch vor einem Wirtshaus und gab mich gesellig. Ich war ja in einer Sache jetzt kompetenter als die Leute, die mir alles beibringen wollten, von dem sie überzeugt waren. Ich glaube, es war meine erste Frau, die ich da nackt, weiß und etwas fett in meinem Kofferraum hatte. Im Schatten war es kühl genug, daß sie in der Sonne nicht zu stinken begann. Es gibt für mich keine stärkere Angst als die, zu einer Frau zurückzumüssen, die ich einmal verlassen habe – wie ein Schnellzug rast sie auf mich zu, und ich muß gestehen, *müßte* gestehen, daß ich mich selber auf die Gleise gebunden habe. Da bin ich wie Du. Du bei Männern eben. Niemand kann uns so foltern wie wir selbst. Mit mir war ich, wie Du mit Dir, immer in bester Gesellschaft. Bitte keinen Anruf.

Zur kurzen Erholung darf ich das mit der Windel von Freistadt erzählen. Diesen Namen aus dem Mühlviertel darf ich verwenden, weil mir die Gegend dort so gnadenlos erscheint, daß meine Fantasie nie etwas von dort heimholen wird und ich nur schnell durchfahren kann. Meine jetzige Frau wickelt das Kindchen auf dem Vordersitz. Ein junger Polizist verlangt den Parkgebührenschein. Seit wann muß man auf dem Marktplatz hier eine Parkerlaubnis haben? Seit einem Jahr. Er verweist auf den Parkscheinautomaten. Nein, sage ich, geben Sie mir lieber den Strafzettel. Ich zahle sowieso nicht, weil ich aus Deutschland bin. Weiß ich, sagt er und fährt in seiner sinnlosen Arbeit fort, bis er mir den Strafzettel vor die Nase hinter den Scheibenwischer steckt. Die Frau reicht mir gerade die zusammengerollte Windel mit Schmutz, und ich gebe sie dem Polizisten mit der Bitte, sie zu bereinigen, zu entsorgen sagt man heute. Von der Vernunft dieser Tat angetan, ging er schnurstracks mit der Windel weg. Gib es zu, Du hast gelacht.

Um keiner Fehlannahme Vorschub zu leisten, muß ich klarstellen, daß ich zwischen *Hundstage* und diesem *Was ich denke* das Buch *Ich bin ein Schaf* gemacht habe. Ich hatte die Münchner Schriftsteller ziemlich am Schluß als eine Schafherde bezeichnet. Da mußte ich mich natürlich gleich absondern, so kam es zu diesem Exemplar meiner Einzelstellung, wo am Schluß das Schaf, zu einem schüchternen und schmächtigen

Menschen geläutert, auf einen trifft, der gerade zur nachmitternächtlichen Stunde mit seinem VW-Käfer, es war Dein weißer Moritz, über den Brenner kommt und sehnsuchtsvoll »Margarine, Margarine« jammert. Ich habe diese Margarine nach vielen Jahren neulich in Berlin getroffen, und sie hatte mir nichts anderes zu sagen, als daß alte Männer mit neuen Frauen wieder Kraft schöpfen. Sie wird mit ihren guten Meinungen wieder einen schlechten Film gemacht haben. Erinnerst Du Dich an unser Telefongespräch, in dem ich Dir kundtat, nun selber einen Film machen zu wollen, und Du mir empfahlst, mich an die Margarine ranzumachen, damit ich zu einer Produktion komme? Ich schwieg, weil ich bereits dran war, aber nicht aus dieser Absicht, und doch konnte ich so den gewünschten Film mit der gewünschten Produktion machen. Während der Dreharbeiten bat mich die Margarine, die neben mir die Hauptrolle spielte, bei ihr zu übernachten, da lief ich weg und eine breite Treppe zu einem Pissoir hinunter. Ich glaube, ich weinte. Du warst ja gerade gestorben. Ich kam mir vor wie meine Eroberung: Alle Menschen sind so alt. Das war schon hart für meine damalige Frau, als sie mit ansehen mußte, wie ich diese Margarine mit einem Kuß vor der Tür der Staatsbedienstetenwohnung verabschiedete.

Aber mit ihr ins Bett zu gehen, nur weil sie Angst vor der Nacht hatte, war mir unmöglich. Wenn jemand Angst hat, muß ich ihn meiden. Als Du einmal Angst hattest, es war gerade Hochwasser, und meine erste Studienreise nach Südfrankreich ins Wasser zu fallen drohte, wußte ich, daß ich auch weggefahren wäre, wenn Du nicht wieder einigermaßen gesund geworden wärst. Du kanntest mich eben durch Dich und legtest mir nichts in den Weg. Jetzt habe ich aber lange genug am Ufer gerastet und begebe mich wieder in den Fluß.

Ich sehe die besagte Gegend bis auf die Steine abgetragen, abgeschürft. Alles Grün war immer nur Schein. Aber dieser

Schein ist irgendwie lustvoll und nicht zu vergleichen mit der Einsamkeit, Nacktheit des eigenen Herzens, da es verloren und dunkel in der Brusthöhle hängt wie eine Glocke in einem nächtlichen Turm einer Kirche, der der Schwengel verlorengegangen ist und die nunmehr unfähig ist, die Gemeinde zu wecken, die sich zu Tode schlafen wird. Das Telefon läutet und läutet, beunruhigt die Menschen aber nur, läßt sie den Tod in ihrem Schlaf qualvoll unbestimmt erleben, statt seelenruhig zu verschwinden. Ja, es gibt Menschen, die neben einem reden, wie so ein Telefon läutet, und es bleibt einem nichts, als von einem Bein aufs andere zu wechseln. Der von der Destouchesstraße war so einer. Er gab einfach nicht auf. Er klingelte und klingelte. Ganz tief in mir, wo ich nicht hinsehen, nicht hinspüren kann, muß ich mir geschworen haben, einen Film zu machen, in dem ich nur meinen Intentionen ausgeliefert bin, und zwar restlos. Eine Bestätigung in der Annahme sehe ich darin, daß mir der Kerl 20 Jahre später geschrieben hat und mir das Angebot unterbreitete, mit mir einen Film zu machen, mit meinem Geld, versteht sich. Geld hat man mir noch nie angeboten. Auf meine Antwortkarte, weil sie als unzustellbar zurückkam, habe ich ein Bildchen gemalt, das ich Luisa schenkte. Ich hatte ihn daran erinnert, wie er meiner damaligen Frau empfohlen hatte, dem Mercedes ihres Direktors die Reifen auf der Straße vor der Schule in Lawasch zu zerschneiden, weil der mit seinen Schikanen nicht von ihr abließ, was sie aber selbstverständlich nicht tat. Von welchem Dienst der wohl war? Es ist schwer zu sagen, ob er sich wohl fragte, warum man ihm meine Karte mit Luftballon gebracht hatte. Vielleicht lag er gerade im Krankenhaus und fürchtete sich vor dem Personal, das schlimmstenfalls Blut von ihm wollte und bestenfalls seinen Urin. Seine Welt hatte sich vereinfacht, sein Horizont verengt. Vor den Wänden seines Zimmerchens wurde mein Luftballon zu einem Monstrum, schreiend farbig und prall.

Seine Frau und seine Tochter waren gekommen, ihn zum letzten Mal zu sehen. Er wollte nur noch vor sich hin faulen wie das Obst, das sie ihm gebracht hatten, welken und vertrocknen wie der Blumenstrauß auf dem fernen Fensterbrettchen. In allem, was schrumpfte, konnte er nur seine Zukunft sehen. Da muß er in dem Luftballon eine Bedrohung gesehen, ihn mit einer glühenden Zigarette zerstört haben und gleich auch selber gestorben sein, so daß mir seine Frau meine Karte zurücksandte. In mir hatte er nur eine Kloschüssel gesehen, weil er mit seiner Rede in jener Gegend, als er neben mir ging, so fuchtelte, als verwendete er noch seine Klobürste. Mich trieben Gedanken um, weil kein Ende abzusehen war, ob ich ein zweites Paar Socken bei mir hätte? Natürlich nicht. Und kein Zahnbürstel. Und überhaupt mag ich mich in mein Bett verkrümeln und mit meinen Gedanken allein sein und nicht mit einem Attentäter unterwegs sein, der mir gar noch einen Koffer in die Hand drückt, damit ich ein unsinniges Loch sprenge, nur damit man mich verhaften kann. Eine Verhaftung wäre der trivialste Zugriff auf mich, den ich niemals erlauben darf. Wenn der mit mir in ein Flugzeug stieg, ehe ich es mich versah, wäre ich verloren gewesen. Daß man mich herumschickt, ist mir unvorstellbar, merkst Du die Ähnlichkeit mit Dir?

Auch diese Pausen werden vergehen, und Du wirst Deine souveräne Ruhe finden, so souverän, wie Du Dein Leben geführt hast. Was solltest Du verdrängen, wen? Und was solltest Du noch an Dich reißen, wen? Du hattest Dein Leben, ich hatte meine Hasen. Du hattest Dein München, ich hatte meinen Bären aus München. Auf das Schäfchen der anderen legte ich kurz meine Hand. Du hattest 3 Gesichtsausdrücke und ich nur einen, aber darunter unzählige in wolkenhaftem Wechsel. Du standest in Deinem Leben, ich stehe im Leben. Du hattest einen Beruf mit Leidenschaft, ich habe vier in Gleichgültigkeit. Nun keine Pause mehr!

Ich reise nicht gern und bleibe lieber zum tausendsten Mal dort, wo ich bin, als an einem anderen Ort zu sein, dem ich kaum verzeihen kann, daß ich bei ihm bin, statt mich ohne dieses gezwungene Jaistjaschonschön in meiner gewohnten Welt zu bewegen, die ich so gerne erweitere. Im Flugzeug kriege ich Zustände und stemme mich gegen die Flugrichtung. Die geschwätzigen Leute sind mir zuwider, die stehende Luft, das Spielzeug Flugzeug überhaupt, da man mit einem Spielzeug objektiv von außen spielt und nicht in ihm subjektiv eingeschlossen ist. Ist ein Flugzeug nicht ein fliegendes Krankenhaus? So fern von meinen Träumen, die ich nur zu Hause haben kann, fühle ich mich überhaupt nicht zu Hause. In der Fremde gehe ich ein. Mir ist, als hätte mich nie ein Gedanke besucht. Mir ist, ich müßte andauernd im Fremdenführer nachsehen, damit ich überhaupt irgendeinen so häßlichen Gedanken in den Kopf bekomme, wie es nun einmal Angaben sind über Dinge, die einem so gerne fremd blieben. Ich habe Turin gesehen und mir überhaupt nichts anderes gemerkt, als daß der Wein am Abend hervorragend war. In München wäre der sicher nicht so gut gewesen. Aber warum war er in Turin so gut? Weil ich nicht in München sein durfte. Der Wein mundete mir so, weil ich ihn auf München trank und auf die morgige Heimkehr. Eine zweite Nacht in Turin stellte ich mir gar nicht vor, so schrecklich war die Vorstellung. Man fragt mich gern, ob ich eine Haßliebe zu München hätte. Gibt es ein heißes Kaltwasser? Ich habe hier die ersten Bewegungen gemacht und bin hier nicht zur Schule gegangen, das ist Grund genug, mich hier wohl zu fühlen, auf einen jeden Fall wohler als sonst irgendwo auf der Welt, und sei es bei einer geliebten Frau. Die lade ich dann nach München ein. Siehst Du, schon wieder gehe ich eins mit Dir. Obwohl Du noch nie in Turin warst. In Berlin warst Du auf der Reichssportakademie. Aber dann hast Du Deinen Beruf gleich in München ausgeübt.

München sollte Dich sehen, sollte Deine Schönheit genießen und Dein Lachen hören.

Aber so schlecht wie Du mich konnte ich auch die Meinen ernähren. Du hattest in München Deine Freiheit und doch so wenig Geld, daß Du ohne die Finanzspritzen Deiner Schwester ebensowenig um die Runden gekommen wärst wie wir ohne die ihren. Dann hätte ich halt eine Lehre machen müssen, Zimmerer. Und wem wärst Du in Erinnerung geblieben? Konntest Du ein Ding produzieren, das ein Nachgeborner aufgehoben hätte, um Deiner zu gedenken? Man wird sich immer für Dich interessieren, weil ich Dein Sohn bin. Man wird Dich aber nicht deswegen nicht verstehen, weil ich Dir nicht gerecht geworden bin, sondern ...

Ich fühle mich unterwegs wie ein Koffer. Nur bin ich ein Koffer mit Gefühlen. Ich mag mich nicht selbst irgendwohin verladen. Wenn mich ein eigener Film hinausschickte, ging ich jederzeit in die Fremde, in den amerikanischen Westen ebenso wie in die Äußere Mongolei oder nach Grönland, um meiner einsamen Bitternis ein Ambiente zu geben. Die Träume trieben mich hin, damit sie wieder in wohligeren Wendungen in mir herumstreichen konnten.

In dem niedrigen Zimmer im Wald stapelten sich 23 Kartonkoffer. Sie wurden langsam weniger. Als die letzten einer Holzstellage von dem Schreiner Fuchs weichen mußten und unter die zwei Betten geschoben wurden, da merkte ich, daß es vergeblich war, weiter Sehnsucht nach München zu haben, und versteckte sie tiefer in mir. Erst vor 5 Jahren habe ich sie wiedergefunden, als ich nach München in dieses Haus zog.

Nun nimmst Du wieder Deine heroische Haltung ein mit starrem Gesichtsausdruck und blindem Blick auf einen unerreichba-

ren Sieg. Ich weiß, daß Du nur einen Pullover hattest und eine Trainingshose in Deiner Sportausbildung und deshalb als letzte gingst in der Skiausbildung, die Deine geliebte Olympiasiegerin anführte. Ich bin nicht schuld, daß Du keine Goldmedaille bekamst, der Traum Deines Lebens, sondern der Zweite Weltkrieg kam. Du warst den Nazis gegenüber blind bis zu Deinem Lebensende. Du sahst nur Deine Lebenszeit. Ich muß Dich als verzierte Tasse über die Scheune werfen und darf mich selbst zu den Wolken begeben. Taoistische Arroganz mag das sein, aber ich beherrschte auch die alchemische Kunst, alles mit allem zu verbinden.

Meine erste Reise nach dem Schock der Ehe machte ich erst mit 26 Jahren wieder, nach Wien. Ich war ja mit dem Operettensingsang bis zur Betäubung aufgewachsen. Ich war froh, in Wien nichts davon zu hören. In einer Ausfallstraße in irgendeinem Beisel aß ich eine Bohnensuppe und unterhielt mich irgendwie bis zum Morgengrauen. Die wunderbaren Amseln sangen auch hier, diese Paradiesvögel Mitteleuropas. Es grünten die Bäume 14 Tage eher als bei uns im Wald, und das fand ich besonders erfreulich. Ich wollte immer einmal in Wien drehen, aber ich fand keinen Grund, außer der großen Weltkugel am Prater, die wir in schwarzes Tuch verhüllten und darunter die Szenen im *Wanderkrebs* drehten. Den sollte sich mein Produzent mal wieder ansehen, bevor er mich noch einmal zu einem Remake von Chaplins *Modern Times* ermuntern will!

Unangenehm war es, an den Baracken am Ochsenkopf vorüberzugehen, man fühlte sich in Lebensgefahr in der Nähe der Flüchtlinge. Den größten Spaß aber hatte ich, als ich einmal las, daß Picasso und Braque in ihrem gemeinsamen Atelier am nächsten Tag Eichhörnchen in ihren kubistischen Bildern entdeckten, an denen sie tags zuvor gearbeitet hatten, und sie als erstes am neuen Morgen malend vertrieben.

Da war ich schon verheiratet und machte eine Reise nach Wien, die ich mit 14 hätte machen sollen, aber da lag ich im Krankenhaus wie mit 6, nur war jetzt die Gegend viel enger, vernagelt, von einem Jägerzaun umstellt sah ich mich. Die gebeugte Straßenlampe würde sich gleich bewegen, mir ihr geneigtes Haupt zuwenden und mir ins Gesicht scheinen, mir – der ich mich so gerne in die Dunkelheit verkroch. Was sollte ich da sagen, nachdem sie mich in meinem Krankenbett aufgesucht hatte? Daß ich Filme machen würde, zu denen die Zuschauer am liebsten ihr Bett mitnähmen? Ich hatte vor dem Sterben insofern mehr Angst als vor dem Tod, weil ich befürchtete, mich bei der Überfahrt mit jemand unterhalten zu müssen. Ich bin nämlich auf jeden Fall niemandem gewachsen. Lautlos in einem flachen Boot auf dem stillen Gewässer dahintreiben, wie ich es auf meiner ersten Fahrt in den Wald in den Wiesengegenden gesehen hatte: randvoll und schwarz. Immer war ich später neugierig auf sie. Und immer erblickte ich sie durch das Ufergebüsch. Und immer sahen sie mich freundlich und verlockend an, als hätte nur ich sie erblickt in ihren gelassenen Windungen. Im bergigen Wald gab es sie natürlich nicht, die waagrechten Flußläufe. Die springenden Wasserkerlchen dort waren für mich nicht so interessant, die sahen mich nämlich nicht. Erst allmählich gewannen sie mein Vertrauen, als ich ihren Fischen mit meinen bloßen Händen nachstellte. Erblicke ich heute so einen Fisch, ist mir das damals neue Heimatgefühl ganz nah, aber nicht so nah wie beim Anblick frischer Kastanien, die sehen mich an, als hätte es vor ihnen nichts gegeben. Ich weiß in München eine Menge solcher Kastanienbäume, um die ich streiche, sobald sie mit ihren jährlichen Wundern aufwarten.

Mittwoch. *Vorne* heißt das eine, ein Liebespaar mit der gelben Sonne in der Mitte, *Hinten* das andere, ein armes blaues

Vorne

Wesen auf einem blauen Stein, sich mühsam nährend in schwärzester Nacht. Jetzt male ich so, wie ich immer malen wollte: in plötzlicher Erleuchtung. Meine ich. Ich bin manchmal richtig ekelhaft. Merke es aber. Die Weißwursthaut habe ich doch auch an einem der ersten Heiligen Abende meinem Vater ins Gesicht geworfen. Ich dachte, das sei ein Spaß. Da hörte sich aber der Spaß auf, weil Du Dich vor Lachen nicht halten konntest. Dir hätte ich nie etwas ins Gesicht geschmissen, unvorstellbar. Ich dachte mir einmal, es müßte lustig sein, wenn Du mich schlügest. Ich hatte mir nämlich so etwas Tolles ausgedacht: daß ich mich unter den Stuhl flüchten würde, wo du mich mit dem Kochlöffel nicht erwischst, weil mich die Stuhlbeine schützen würden. Ich habe Dich wahnwitzig geärgert, hirnlos, sagtest Du gerne, bis ich den Fall ausprobieren konnte. Es mag auch sein, daß ich es mir nur einbilde, um zu erfahren, daß mein Versteck funktioniert hat. Ich wollte Dich nicht kränken, denn Du hattest Erschöpfungen genug, da war es doch selbstverständlich, daß ich mich so leicht und unsichtbar machte wie nur irgendwie. Ich war schon sehr eigen, niemand durfte mir das Milchfläschchen halten, nur ich selber. Das freute mich, wenn ich so vor mich hin nuckelte und man mich bewunderte. Und dann habe ich es auch noch ordentlich abgestellt und wieder ein Lob erhalten. Du hast mich aufgebaut, wann immer es ging. Hatte ich schlechte Noten, hieß es: Die sind zu blöde, Dich zu verstehen. Bekam ich in Kunsterziehung nicht eine Eins, fandest Du das unerhört. Du bist in der Schule von Lehrer zu Lehrer gerannt, bis Dir einer recht gab, daß Dein Sohn etwas Außergewöhnliches sei und man von ihm noch hören werde. Darauf können Sie sich verlassen, sagtest Du dann stolz. Du hast an mich geglaubt, und woher Du Deinen Glauben genommen hast, frage ich besser nicht. Ich weiß es ja. Wenn ich Dich zur Mutter gewählt habe, dann doch nicht, um sang- und klanglos unterzugehen.

Bitte laß mich das mit der Fliegerbrille noch erzählen, weil Du nicht dabei warst: Schuleinschreibung. Ich machte meiner Oma klar, daß ohne Fliegerbrille mit mir nicht zu rechnen sei. Ohne Fliegerbrille hätte ich sie alleine ins Schulhaus geschickt. Ich hätte mir am Bach die Zeit vertrieben. Wie gesagt, langweile ich mich ja nie allein. Denn wenn gar niemand da ist, dann bin ich erst recht da und blühe auf wie in diesem Brief an Dich. Ich bekam die Fliegerbrille mit blaugetöntem Glas. Woher soll ich eine Fliegerbrille nehmen?! Das war mir egal. Ich beharrte darauf. Auch andere Leute, die meine Oma um Beistand gebeten hatte, schüttelten den Kopf. Die letzten deutschen Kampfflugzeuge wurden vom Himmel geholt, und ich beharrte auf einer Fliegerbrille. Sie mußte nicht flugtauglich sein. Ich wollte meine Augen schützen. Da war sie, so ein Talmistück, aber immerhin eine Fliegerbrille. Wer wußte denn schon, daß die letzten deutschen Piloten eine bessere hatten? Aber fliegen wollte ich keineswegs. Ich wollte nur mit ihr vor den Augen in der Schule antreten. Und so geschah es. Dann dünnten aber meine Eigenheiten aus, denn meine Oma und die Leute dort hatten keinen Sinn für meine Persönlichkeit, und ich versteckte sie besser. Aber was man nicht entwickelt, verkümmert. Und dann das Verkümmerte wiederbeleben war hart. Ich bin immer noch dabei und hoffe, Dich noch ganz und gar zufriedenzustellen. Ich bringe noch heute meine Brille nicht mit einem abgestürzten Flugzeug in Zusammenhang. Wahrscheinlich war mir der Eindruck des Flugzeuges, wie es seine Innereien zur Ansicht freigeben mußte, zu viel, und ich beschränkte mich auf die Brille. Was meinst Du? Du trugst ja damals noch nicht ständig eine Sonnenbrille, so daß ich einem Nachahmungstrieb nachgegeben hätte wie in meinem zweiten Film *Die Atlantikschwimmer.*

In dieser Pause denke ich an die Bombardements der Alliierten in München, deretwegen ich schließlich die Stadt verlassen mußte. Ich fand sie aufregend und noch aufregender die Kläglichkeit, Ängstlichkeit der Erwachsenen. Ich war schon ich und wußte es. Im Luftschutzkeller saß ich am liebsten allein.

Von der Gegend, von der ich gestern geschrieben habe, möchte ich Dir noch mitteilen, daß sie in der Zeit, da ich sie bewanderte, kein Getreidefeld trug, nur Gras in Uniform. Jetzt tauchen wieder Getreidefelder auf, weil das der Staat subventioniert. Damals wurde der Abbau von Getreide subventioniert. Ich hätte auch durch staatliche Maßnahmen keine Filme mehr machen sollen wegen ihrer aufmüpfigen Unterhaltsamkeit. Aber mein Traum verließ mich nicht. Es kann ja ein Bauer nicht von seinem Getreidefeld träumen und es verwirklichen. Warum eigentlich nicht? Er träumt von seinem Kornfeld und daß er davorsteht und sich beruhigt. Und dann läßt er sich einfallen, wie er sein Getreide pfundweise verkaufen kann.

Du versuchtest ja auch immer zu tun, wozu es Dich drängte. Als Dir die Einnahmen von Deinem Tennisunterricht zu gering schienen, hast Du zusätzlich Sportbekleidung schwarz verkauft. Und ganz zum Schluß hast Du noch einige Turnstunden auf dem hiesigen Gymnasium gegeben, weil Dich der Umgang mit Kindern so erfreute. Als die kleinen Mädchen mit ihrem selbstgemachten Blumenkranz auf Deiner Beerdigung erschienen – ich glaube, ich habe geweint –, mußte ich zu meiner ersten Filmaufnahme in meinem ersten Film. Und prompt mußte ich einen Volksschullehrer in seiner Turnstunde verarschen, was Dir gefallen, Dich ein wenig beunruhigen, doch letztlich trösten sollte. Daß so wichtig doch gar nicht ist, was einem ein und alles bedeutet.

Ich muß als Kind ziemlich in der Ecke gestanden haben. Das mag mir die alten Zenleute vertraut gemacht haben, die auch nur mitkriegen, was sie mitkriegen. Was ich von den Leuten im Wald mitkriegte, war nicht so aufregend. Der Cleverste fragte mich, ob ich lieber in München oder bei ihnen sei. Was sollte ich sagen? Ich hatte früh genug gelernt, den Westen mit München zu verbinden und auf die Ebene hinauszuschauen. Es müßte doch einmal ein Wetter geben, dachte ich mir, daß ich meine Heimatstadt erblicke. Nie war es so schön, daß die Frauentürme über die viele Gegend dazwischen wachsen konnten. Waren sie untergegangen? Einfach umgefallen? Was sprachen die im Radio so nah von einer Stadt aus, die unerreichbar war? Dann hörten auch noch die Telegrafendrähte auf, die mich von München begleitet hatten, solange ich im Zug saß. Oh, war das ungemütlich, man hatte mich an einem Ort abgesetzt, wo Du nie hinkommen würdest, weil es dort so häßlich war. Als erstes streckte ich den Leuten die Zunge entgegen. Immer roch es nach etwas Unangenehmen, immer nach etwas anderem Unangenehmen. Und dann stank wieder alles auf einmal. Mir war bislang nicht so klar, ob auch Erwachsene auf die Toilette mußten, jetzt konnte ich nicht mehr wegblicken. Das brodelte und zischte nur so. Ganz langsam nach dem Krieg begannen diese Leute, auch Reis zu essen, aber einen Fisch? Ich verstand überhaupt nicht, was diese Leute antrieb, denn nie trugen sie eine schöne Bluse wie Du. Nie gingen sie aufrecht, gemessenen Schrittes, um sich die Welt anzusehen, damit auch sie angesehen würden. Ich konnte mich des Eindrucks nicht erwehren, daß sie alles, was sie so angestrengt taten, nur hinter sich bringen wollten, um möglichst früh und möglichst schnell in ihr Grab zu gelangen. Meine Güte, wie flog diese ganze Gegend beiseite, wenn Du am Bahnhof ankamst! Selbst meine Oma stand nur steif in ihrer Mottenkugelwolke und mit einem dreifachen Hütchen zu ein Meter sechzig aufgetürmt, steif in ihrem indigoblauen Mantel, wenn ich auf Dich losstürmte und mich Dein Pelzmantel, Dein Seidenkostüm, der wehende Schal und das feine Parfa umbrandeten. Ich weinte auf Deinen Bauch und wollte nicht, daß mich Deine Arme je wieder freigaben. Ich mußte Dir meine Errungenschaften zeigen, und ich weiß, daß sie für Deine Ansprüche viel zu bescheiden waren: 2 Häschen, die ich selber fütterte, eine Steinschleuder, die ich aus einem intakten Einweckgummi gemacht hatte, ein Bildchen, das ich Dir ungelenk gemalt hatte, und diese unselige Schrift, die mich in allen meinen Schulheften verfolgte. Bitte schreibe meinen Namen auf das Heft! Und Du tatest es. Mochten die Leute sagen, daß Du wie ein Pfau durch die Gegend liefst, den Ausdruck hätten sie wohl besser für ihre Pfaffen benutzt, die nichtsnutzig in den Hochämtern herumbalzten und in den Sünden dieser einfachen Leute nisteten wie ein Kuckuck im fremden Nest. Ich muß gestehen, daß ich mich Deiner schenierte, als ich größer wurde und kein Wegkommen in Aussicht stand. Man hatte mich wohl vergessen. Du kamst und schienst mir so unzeitgemäß. Du hattest Angst vor den Jahren und immer noch kein Geld. Ich habe Dich getreten mit meinen Blicken. Du schienst mir nur noch wie der Bote aus einer Welt, die es nicht mehr gab, nämlich Deiner Jugend. Du tatst jetzt jugendlicher, als Du warst, was heute Mitleid in mir weckt, aber damals Abscheu. Irgendwann hörte ich auf, krank zu werden, damit Du kamst. Jetzt besuchte ich Dich. Ich hatte den Anschluß verloren und habe ihn bis heute nicht gefunden. Ja, aber darüber habe ich bereits geschrieben. Ich konnte einfach nicht verstehen, daß die Zeit verging und wir uns niemals mehr in dem Zustand begegnen würden, in dem wir uns beim Abschied berührten. Ein paar Tage nur, höre ich in meinen Ohren, und es dauerte die ganzen Jahre. Ich war so verstockt, daß ich Dir nie verzeihen wollte, ja nichts werden wollte ich, nur um Dich zu bestrafen, und weiß der Kuckuck, womit die Unzulänglichkeit und die Unverständlichkeit dessen zusammenhängt, was ich mache. Ich habe Dir wirklich nie eine Schuld gegeben, weil ich sah, daß Du alles für mich tatst, und auch heute soll mir niemand sagen, daß man nur Geld von mir haben könne, weil ich weiß, wie verdammt schwierig es zu kriegen ist für das, was man gerne macht, und wenn man sich und seine Lebenszeit nicht verkaufen will. Ich muß jetzt nur die Wunde sich wieder schließen lassen, in die ich gerade geschaut habe. Entschuldige bitte.

Im Wald gebrauchte man das Telefon nur in Notfällen. Im Dorf drüben war das nächste. Man rief nur den Arzt und den Tierarzt an. Wenn Du mich an Dein Telefon schicktest, wurde ich nicht froh. Ich konnte nicht reden, und am Telefon zweimal nicht. So wie Deine Kunden wolltest Du mich über die Gleise in die Kiesgrube zur Verrichtung der Notdurft schicken. Die sollen zahlen, aber mir nicht das Klo vollscheißen, ich bin ihre Tennislehrerin, aber nicht ihre Klofrau. Da machte ich aber nicht mit, daß Deine Grube keine Versitzgrube hatte, war mir egal. Ja, ich brauche die Pausen, Luft zu holen.

Bei Kaut-Bullinger kaufe ich mir die Farben. Wenn Du den Namen sagtest, klang das, als sei es das tollste Geschäft.

Ich habe erst zweimal mit einer Frau zusammengelebt. Ich konnte nicht verhindern, daß sie mir in den Status der Oma rutschten. Besuchte mich eine andere Dame, lag ihr feiner Mantel da, da konnte ich schon nicht mehr zuhören, starrte auf den Mantel, den Griff nach ihm und schwieg. Dann läßt die Betäubung nach. Sehe ich aber die Frau länger nicht, dann steigt die Erwartungsfreude auf wie eine sommerliche Wolkensäule über dem dunklen Wald. Deswegen wäre ich gern ein Buddhist geworden, um den Mantel am Himmel zu sehen und den Wolkenberg auf dem Stuhl, was somit geschehen ist.

Sie verlernten, Hirse zu essen.

Es fällt mir gerade ein, daß ich vielleicht meinen Bedienungen im Schneider vorne immer 4 Mark Trinkgeld gebe, weil

Oberneustift

ich bei der Kellnerin in Fürstenzell so ein Glück hatte. Das Mädchen, das ich dort besucht hatte, wurde dann meine Frau. Sie konnte für unsere Kinder so schöne Puppen machen. Eine Frau, die kein Puppentheater auf die Beine bringt, ist was Trostloses. Da kann sie noch so toll Puppen spielen, wie meine zweite Lebensgefährtin Schmalz, dann ist meine Fantasie nicht bereit, darauf einzugehen. So mochte ich auch Puppentheater auf Jahrmärkten nicht, auch nicht auf dem Oktoberfest, weil die unpersönlichen Puppen nicht mein Vertrauen gewannen. Schmalz war sehr lieb, von sonnigem Gemüt und immer für das Essen zuständig, aber Puppen konnte sie, wie meine Frau, die ich ihretwegen verlassen habe, nicht machen, so wollte ich auch keine Kinder mit ihr.

Wegen Schmalz begab ich mich wieder in eine Situation, die mich an den Wald erinnerte, ein Zimmer auf dem Dach und darunter Menschen, denen ich lieber nicht begegnete. Aber mit elektrischem Licht diesmal. Auch ihre kleinen Geschichten hatte ich schon größer erlebt – von der Mistgabel im Fuß bis zum Wundstarrkrampf. Ihre 300jährige Geschichte konnte mich nicht mehr einfangen, weil ich einer 700jährigen entronnen war. Schmalzens Kuß war weich wie ihr Name. Sie wunderte sich oft, daß ich soviel machen mußte. Warum nur? Weil ich davon ausgehe, daß eine unwahrscheinlich große Katastrofe auf uns zukommt, und ich möchte, daß etwas von mir überlebt, weil ich überzeugt bin, daß man über etwas von mir größere Augen machen wird als über Erzeugnisse meiner Zeitgenossen, die sich ja nur alles ausgedacht haben, während in mir gedacht wurde. Schmalz lebte auf der anderen Seite des Sees, auf dessen Seite herüben ich im Hinterland einige Filme gedreht habe. Wenn etwas von mir bei ihr geblieben ist, und man läßt ja immer etwas zurück, und deswegen reise ich so ungern, weil ich nicht wüßte, wie ich meine Hinterlassenschaften einsammeln sollte, so waren es ihre wasserblauen Augen, deren Farbe der See nie erreichte – war er auch noch so ruhig –, ebensowenig der Himmel darüber. Auch im Wald habe ich etwas zurückgelassen von mir, nämlich das Ultramarinblau der Berge. Oft, wenn ich ins Waldviertel fahre, mache ich einen Umweg und bin schon lange aufgeregt, sie endlich hinter der Donau dahinbuckeln zu sehen. Und mir ist bei ihrem Anblick wirklich einige Augenblicke lang so, als begegnete ich mir selber. Beruhigt fahre ich weiter und freue mich an dem Fortschritt meiner Befreiung, der mir beim Anblick der Berge wie bei einer alten Gewohnheit klar wird. Vielleicht war ich aber auch in einem früheren Leben ein Stieglitz, der sich in den Wäldern dieser Berge wohl gefühlt hat. Einmal erblickte ich aus einem Fenster in der Stadt am Fuß dieser Berge in Kandlbach ein Männergesicht, das ich nach 35 Jahren mit einem Schlag erkannte, obwohl ich niemals wieder daran gedacht habe, aber immer mit Hunger gelebt, wie der Wiedererkennungsschock beweist. Auch in Berlin muß ich etwas zurückgelassen haben wie Frau und Kind, jedenfalls was ganz Wichtiges von mir, das Wichtigste vielleicht, denn nun bin ich eine Woche da und finde es nicht. Ich gehe nicht zu meiner Familie, weil ich warte, daß das Vermißte zurückkäme. Als mich die Familie einmal besuchte, sah die Frau so verlockend schön aus, aber ich sagte nichts. Und das Kindchen auf ihrem Arm sah mich so erwartungsvoll an. Ich tat aber nichts, keiner meiner üblichen Späßchen verließ mich, die sie immer erfreuen und zum Lachen reizen. Die Frau gab mir eine Arztrechnung vom Kind, und sie sagte: Die nächste Rechnung schicke ich dir. Und ich sagte: Ja. Sonst nichts. Dann gingen sie gleich wieder, weil sie keine Zeit hatten. Auch ich hatte keine Zeit. Hatte ich die in Berlin gelassen? Als säße ich immer noch in der Hotelhalle und vergewisserte mich, daß ich die Gedächtniskirche durch das Fenster kaum noch erkenne, aber deutlich den Flug der Krähen davor. Berlin kam mir häßlich vor, und ich dachte mir, man hat es im letzten Krieg zerbombt und lieblos aufgebaut. Man stelle sich vor, Rom wäre derart zertrümmert worden, Paris oder Wien, welch größerer Verlust! Ja, sicher, wenn ich da und dort was lasse, wie sollte ich das wieder einsammeln? So reise ich nur noch mit der Filmkamera. Hätte ich die in Berlin dabeihaben sollen? Nur im Waldviertel lasse ich immer gern etwas von mir zurück, sei es eine bemalte Wand oder eine angenagelte Figur.

Als hätte ich in Berlin meine Harley Davidson vergessen und bin nun unglücklich.

Oder ein Zeisig.

Möchte nicht, daß sich diese Erwachsenenwelt mit mir beschäftigt, nicht die in ihrem Auswuchs, den Bierzeltbesuchern und deren Reptilien, die Besucher politischer Veranstaltungen im Bierzelt mit ihrer Pogromstimmung. Aber mit diesen Krokodilen habe ich, hu, immer wieder Glück gehabt. Kann mich immer wieder entfernen: Himmelblau meditiere ich in der Nacht über der Straße auf der Höhe meiner Etage bis kurz vor dem Aufwachen, dann bin ich selbstverständlich immer müde. So übernachte ich gern woanders: bei meiner geliebten Frau.

Donnerstag. 3 Bilder gemalt. »Unten« heißt das erste, dann *Oben* und schließlich *Da*. Das ist dann schon eine Art Mönch, der dasitzt und sich am Kopf kratzt. Ich habe ihn aus mir herausgerissen. Je einsamer ich werde, desto besser male ich. Wenn ich tot bin, bin ich wahrscheinlich ein Genie. Aber zum Sterben habe ich keine Zeit und brauche vielleicht eh keine. Erst nach dem Malen erlaube ich mir zu schnupfen. Wohl wird mir im Körper, und ich denke daran, wie gerne ich sage, daß ich der einzige Farao bin, der sich nicht in seine Pyramide legt, sondern sie schnupft. Und keinen muß ich schinden außer mich selbst. Aber das tue ich gern. Nach dem Malen kommen, wie jetzt, die Gedanken. Hatte ich nicht als 8jähriger – nein, es muß später gewesen sein, denn ich schob das Rad auf dem

Feldweg von der Schule heim – der Erfinder des Denkens werden wollen, der Entdecker der Entstehung der Gedanken? Das war ein ganz sicheres Gefühl und dadurch eine große Gewißheit. Wenn ich jetzt noch eine Zitrone ausdrücke und sie in warmem Wasser trinke, kann ich mich an die Schreibmaschine setzen. Und am frühen Abend ein Rühmann-Film im Stadtmuseum, und am späten Abend 3 Bier im Wirtshaus. So sind jetzt meine Tage in Klausur. Zwischendurch mal kurz die *Voice of America*. Du hörtest den ganzen Tag AFN. Auch wenn Du den Tennisplatz präpariertest, lief das Radio. Obwohl Du durch das Kehren und Spritzen und Walzen bestimmt nichts gehört hast. So sind wir eben. Daß ich Herrn Patalas in meinem letzten Buch gekränkt haben soll, den damaligen Leiter des Münchner Filmmuseums, darf mir niemand abnehmen, denn es war eine szenische Notwendigkeit, den Schmerz meines Helden durch seine bewußte Ungerechtigkeit auszudrükken. Wenn sich die Wirklichkeit dazu anbietet, ist es besser, sie zu verformen, als mir etwas einfallen zu lassen, das sich der Überprüfung entzieht, das ist mein Realismus, wenn Du so willst. Heute bekam ich einen dieser lästigen Briefe von der Bayerischen Akademie der Schönen Künste, deren Mitglied ich ohne mein Zutun wurde, mit der Aufforderung, Vorschläge für die Vergabe des Preises der Bayerischen Landesstiftung zu machen. Ein entsprechendes Schreiben des Kultusministeriums sei beim Generalsekretariat eingetroffen. Die Preise würden vergeben für hervorragende Leistungen auf kulturellem und sozialem Gebiet sowie auf dem Gebiet des Umweltschutzes. Ich werde diesem Generalsekretariat weder telefonisch noch schriftlich was mitteilen. Wir werden die Vorschlagsliste dann gesammelt an das Ministerium weiterleiten. Habe schnell die Liste der Preisträger seit 1980 überflogen und 14 Professoren gezählt. Habe ich mich in meiner Kindheit zwischen Kühen bewegt, um mich jetzt zwischen Professoren zu setzen? Ich weiß nicht, was ich machen soll, daß sich die nicht mehr mit meinem Namen schmücken. Ihr kreatives Defizit ist ja eklatant. Heiminsassen einer Kretinenanstalt quatschen wenigstens nicht so viel untereinander.

Du wärst sicher stolz auf meine Mitgliedschaft. Aber warst Du nicht auch auf die Nationalsozialisten stolz?! Entschuldige bitte den Ausrutscher und frage mich, ob mich die Witzelsucht wieder plage. Noch nicht. Weißt Du, ich kann bis heute einfach nicht Deine Schönheit mit dieser Häßlichkeit des Hitler-Reiches in Verbindung bringen. Daß Du Dich nicht als Opfer sehen konntest, hat Dich vielleicht später mit zum Opfer gemacht. Du konntest Dir einfach nicht vorstellen, wie Du mich wieder verlassen hast! Und Deine Enkelkinder! Die Du mochtest, vor allem den Sohn, für den Du trotz Deiner vielen Mühen Zeit und Aufmerksamkeit fandest, die er heute noch genießt. Ein bißchen war ich da eifersüchtig. Du warst sehr überfordert, auf die Kinder achtzugeben, aber ich wollte Dir das zumuten, als, verzeih!, als hättest Du als Mutter ein wenig versagt, als hättest Du mir Deine Nähe, verzeih!, ein wenig versagt. So daß Du Dich vielleicht ein wenig als Großmutter bewähren könntest. Lassen wir es bei Deinem Satz: Ich kann nicht mit dir und nicht ohne dich leben.

Luft!

Das Recht, dumm bleiben zu dürfen, nimmt sich das Land schon ganz schön frech heraus, als bräuchten wir eine Welt ohne Schöpferkraft. Je jünger die Leute sind, desto deutlicher schaut aus ihren Augen der Egoismus heraus. Um 40 wird es dann noch einmal am schlimmsten. Ich kann das nicht. Meine Augen haben immer den Rest beherrscht – oder übersehen. Was sollte denn sonst Nahrung für die Zukunft sein, wenn nicht Kunst?! 1956 war bis Ende März der kälteste Winter, dann kam der verrückteste Frühling, man konnte Angst haben, daß der Platz nicht reichte für all das Grün. Das einmal erlebt zu haben, reichte für meine Zukunft. Und der Sommer ...

Ich habe gerne den Kopf frei. Je älter ich werde, um so mehr wandern mir meine Gedanken davon, und fast hätte ich diesen Brief nicht geschrieben, der mich so viel kostet, daß ich fast lieber nur in die Luft schaue.

Beide lieben wir fettes Fleisch. Weil im Speck kein Blut ist? Aus allem, was man auf dem Land zum letzten großen Krieg sagen konnte, ist mir, im unsäglichen Wust, nur eine Geige in Erinnerung geblieben. Ein einziger Bauer bedauerte, daß man in Rußland eine Geige zerschlagen habe, zum Heizen in einer Kate. Er selber wäre gerne Sänger geworden. Wie sollte man denn ohne ein Unrechtsbewußtsein zum Denken kommen? Daß die Natur nicht dachte, war ja klar. Und doch konnte sie nicht so wenig denken wie diese Landmenschen. Du hast sie verabscheut, fandest nur ihre Sprachausdrücke manchmal nett, mir fällt schon noch einer ein. Ich mochte die härtesten Fälle unter ihnen, wenn die von keinen Bedenken geschwächte Gemeinheit einfach losschlug, sich die aufgeladene Energie in einem Blitzschlag befreite. Zum Beispiel erschoß einer seinen Bruder im Schuppen beim Holzmachen.

Richter: Haben Sie gezielt?

Bruder: Ja, sicher.

Richter: Haben Sie geschaut, ob er noch schnauft?

Bruder: Er täte auch nicht schauen, ob ich noch schnaufe.

Richter: Waren Sie danach aufgeregt?

Bruder: Nein, was soll ich mich da aufregen?

Richter: Haben Sie nicht einmal daran gedacht, daß Ihr Bruder eine christliche Beerdigung kriegen muß?

Bruder: Nein, eingegraben wird ein jeder.

Er hatte nämlich seinen Bruder erschossen und ihn drei Wochen im Schuppen liegen lassen, ohne einmal nachzusehen.

Richter: Haben Sie nicht einmal im Schuppen nachgeschaut, ob er vielleicht noch lebt?

Bruder: Ich habe doch da drinnen nichts mehr verloren gehabt.

Richter: Hat es Sie einmal gereut, was Sie gemacht haben?

Bruder: Nein.

Richter: Was meinen Sie, was jetzt hier mit Ihnen passiert?

Bruder: Das ist mir Wurst.

Richter: Haben Sie zum Gebrauch der Schußwaffe noch was zu sagen?

Bruder: Nein. Ich hätte ihn auch mit Pfeil und Bogen erschossen.

War das nicht die Rückseite der Medaille, deren Vorderseite meine extreme Empfindsamkeit zeigte?

Den verharmlosenden Ausdruck Wurzelsepp mochtest Du gerne.

In diesen Pausen versichere ich mich ein wenig meiner, was ich sonst zu denken pflegte. Von Deinem Bruder kam ein Schulbuch auf mich. Es war aus den zwanziger Jahren. Sein Geheimnis war eine größere Hoffnung als in meinen glatten Schulbüchern, die so verkitscht waren. Einen großen Maikäfer bekam ich auch von Herbert, er war aus Blech und schlug die Flügel, wenn man ihn aufzog, und das grüne Gärtnerschürzchen – und seine Krankheit, an der ich gestorben wäre, wenn Du nicht bei mir im Krankenhaus von Kandlbach gegen den Widerstand des Personals geblieben wärst. Eines Tages tat mir nicht mehr der Kopf weh, sondern der Kohlrabi, alles geschrieben.

Die Welt einer jeden Seite der Medaille einem Publikum zu eröffnen, war nicht leicht – und sie ihm nicht zu verschließen. In den Filmen, meinte ich oft, ist mir das nicht so gelungen. Aber ich tue hier eher, als schriebe ich über einen Filmemacher und sei selber keiner. Die Herren Filmemacher wollen immer mehr als andere Künstler, nämlich die Wirklichkeit ein- und auspacken. Der Maler erholt sich in der Wirklichkeit, der Schriftsteller läßt sich was einfallen zu ihr, aber der Filmer will sie haben. Auch mir hat das Filmen viel Arbeit erspart, um die Illusion von Realität einzufangen. Die Fragen an mich, warum ich das mache, haben immer zur Folge, daß ich mich ärgere. So weiß ich einfach nicht, wie man einen Kassenfüller macht. Da muß doch zumindest ein vager Zusammenhang zu meinem Leben bestehen! Weil ich immer bei Deiner Leiche saß? Da wartet man vergeblich, daß jemand anbeißt. Sie rasen an einem vorbei, und man müßte schon eine Tankstelle haben, damit sie halten müssen. Die meine Filme nicht gesehen haben, machen mich zur Legende. Ich habe jetzt nicht mehr das Bedürfnis, nach einem Publikum Ausschau zu halten. Was ich gesehen habe, hat mir gereicht, auch wenn es mich enttäuscht hat. Wenn die Zuschauer sich vor der Premiere im Kino versammeln, dann hat das etwas Weihevolles. Auch wenn ich mir nicht vorstellen kann, daß jemand meinen Film sehen kann, wie ich ihn gemacht habe. Ein Film ist erst vollkommen, wenn er von Zuschauern wahrgenommen wird. Zum Bewußtsein des Films muß, wie es Alexander Kluge sagt, das zweite Bewußtsein des Publikums kommen, damit ein Ganzes entsteht. Sitze ich lieber bei Deiner Leiche, statt mich einer anderen zu überlassen? Warum nur, warum nur, sagtest Du gerne.

Der Apfel ist jetzt dran. Ich konnte mich einfach nie begehrenswert geben.

ENTHÜLLEN IST VERHÜLLEN *Das wollte ich auf schwarzen Grund weiß schreiben, aber so Eindeutiges beherrschen andere Maler besser. Meine Spezialität ist der Wirbel, die Glättung, der Sog, die Auflösung, das Staunen, wenn da jemand meint, da sei etwas gewesen. 100 Jahre Film sind auch 100 Jahre Lüge. Diese Aussage stelle ich jedem Kopf zur Verfügung. Wenn sich darin nichts rührt, soll man nicht mich fragen. Ja, die Po-Ebene ist auch so eines meiner Geheimnisse. Laura empfahl mir, dorthin einmal im Sommer zu fahren. Es sei so heiß, daß einen nicht der Schweiß, die Müdigkeit niederdrücken, nein, man meine zu schweben, zu spinnen. Sag ich doch! Bitte.*

Ohrwaschel.

Das mit Pfeil und Bogen war nicht die Norm, aber der Höhepunkt eben. Das begeisterte mich, das faszinierte mich, daß ich auch eine Rückseite hatte, auf die ich zurückgreifen konnte, zumindest beim Schreiben. Das machte mich zum Menschen, der zumindest etwas bemerkt, aber sonst war ich eher wie ein Tier. Spielte eine Zeitlang mit dem Gedanken, einen Film *Das Tier* zu machen, das war in der Zeit von *Der Depp* und *Das Gespenst*. Aber der Einfall blieb nackt, es wuchsen ihm keine Ideen an, keine weiteren Vorstellungen. Vielleicht auch, weil ich das Trinken reduzieren mußte, das immer alle Bedenken beiseite schob, und mein Hirn freischaufelte für das, was mich anflog. Zumindest am Abend im Wirtshaus wollte ich bei mir sein, einen normalen Blutdruck haben und der Rede mächtig sein. Es war auch ein Trotz gegen die herrschende Kultur, die sich herumreichte und unter ihresgleichen blieb. Dem derzeit bekanntesten deutschen Filosofen sagte ich bei so einer Gelegenheit im Wirtshaus – ich nannte ihn ansonsten nur Halbemaß –, um ihn zu verstehen, müßte ich 200 Jahre leben. Er sprach mich auf mein jugendliches Publikum an, das ich, ich weiß nicht mehr, mit was, erreichen könnte. Da überschätzte er mich. Verwertungen haben mich nie interessiert. Ich mag nicht mehr alles zusammenhalten, wie ich es zusammengehalten habe. Heute müßte ich sagen, ich habe das alles nur gemacht, um meine Mutter zu beeindrucken. Meine besten Freunde sind Frauen. Sie stimulieren mich, und ich strenge mich doppelt an, weil ich sie beeindrucken möchte. Ich bin wie ein lächerlicher Pfau, der für das Weibchen das Rad schlägt, und wehe, wenn es sich nicht beeindrucken läßt, dann ziehe ich mich schnell zurück, so schade es mir auch um das Weibchen ist. Ich will gar nichts anderes tun, als immer nur Filme zu drehen.

Aber natürlich macht es mir auch Spaß, gemeinsam mit Freunden zu trinken oder mit einer Frau zu schlafen. Aber da liegt der Hase im Pfeffer und rennt nicht weg. Denn ohne einen letzten Abstand machen mir die Frauen Angst. Als mich eine 50jährige, noch recht resolute Bedienung nach Arbeitsschluß noch aufforderte, mit ihr auszugehen, sagte ich prompt ab. Nicht, weil ich ihr keinen Piccolo zahlen wollte oder auch zwei oder drei, auch hörte ich gerne ihren bulgarischen Akzent, aber ich stellte mir sofort vor, daß sie schnell in ihrer Art auflachen würde, mich zuerst aus Versehen berühren, mir dann in Fahrt den Ellbogen in die Seite stoßen könnte, auf meiner Hose einen Fussel findet und ich mich schon mit ihren Oberschenkeln konfrontiert sehe und mir ihre Beinschere wie zwei Deichseln vorstelle, so stark, und dann der nicht zu bewältigende Rumpf, das Tierische der Arschbacken und vielleicht ein ranziger Geruch, den der Seifenduft nicht beherrscht. Oje, und diese unseligen Bekleidungsstücke, von körperlichen Eigenheiten, gar Gebrechen oder Alterserscheinungen ganz zu schweigen, was man halt alles ohne Liebe bemerken muß, wenn man sich nicht verlieren darf und Sportstudios nur von außen gesehen hat. Da kann ich gar nicht oft genug nachsehen, ob mein Hosenschlitz geschlossen ist. Aber meist erzählen mir Frauen erst viel später, daß sie einmal ein Auge auf mich gehabt hätten, da pflegt dann die Zwischenzeit und beiderlei Entwicklung ein verwunderlich schönes Lächeln. Ich bin da wahrscheinlich auch wie Du, der ich ungenutzte Gelegenheiten mehr schätze als peinliche Erinnerungen. Du hast mir ja von Deinen Erfahrungen Gott sei Dank nichts erzählt, und was ich selbst so von Dir mitkriegte, war eher ritterlich skurril. Wenn ich auf Fotos von Faschingsfesten, während denen ich allein in meinem Bettchen lag, so einen schmierigen Kerl an Deiner Seite sah, verspürte ich einen Ekel, der von dem Mann und meiner Eifersucht ausging. Wenn mir eine Frau untreu war, verließ ich sie immer, wenn es auch dauerte, wie zum Beispiel 6 Jahre bei meiner ersten Frau und 3 bei Schmalz. Von allen Gefühlen fürchte ich die Eifersucht am meisten, weil sie mir die größte Angst einjagt, meine Gedanken könnten mich verlassen. Ich krieche dann herum wie ein Hündchen, das besonders anhänglich sein will, als wäre es selber untreu gewesen oder hätte durch sein Verhalten das Herrchen in die Untreue getrieben. Die Frau hat damit ihr Geheimnis verraten, das zu enträtseln ich mir zu blöde vorkomme. Ich fühle mich dann ordinär und der Göttin nicht würdig. Weil ich durch meine Arbeit so an meinen Arbeitsplatz gebunden bin, nämlich an Daheim, dauert es lange, bis ich mich einer neuen Frau zugetan fühle, was mich endlich vor dem letzten Debakel rettet. Bin ich untreu, so empfinde ich das als eine Lappalie, abgesehen davon, daß ich keine Zeit dazu habe. Ich bin für ein freundliches Wort dankbar. Das Lachen einer jungen Bedienung macht mich friedlich. Ich kann es wieder leichter in mir aushalten. Mehr will ich nicht. Die nächsten Gedanken scheinen mir gewiß. Denn wenn ich nicht in den heiteren Tag hineinformulieren darf, mag ich ihn nicht.

Jetzt bin ich so weit, daß ich den Namen meiner Schulstadt bewußt preisgeben darf: Kandlbach. Kapiere! Und tatsächlich hatte sie einen Bach, der so klein wie aus einer Kanne rann! Und Schmalz lebte in Fettnapf. Und ein jeder ging gerne hin, weil er wußte, daß er ausrutschen und seinen Spaß haben wird. Als ich noch nicht dort wohnte, erging es mir genauso. Aber in Fettnapf zu wohnen, war nicht so schön. Wenn Du aus Fettnapf herausschaust, zählst du nur noch die Bäume, über die Zahl der

Tage verlierst du die Übersicht, weil sie zu einem Jahr zusammenrinnen wollen, und wenn es acht wären. Den Namen des Sees gebe ich nicht preis, er spielt in meinem Film *Die Föhnforscher* eine wichtige Rolle. Warst Du einmal in Fettnapf? Meines Wissens nicht.

Quadratratschen.

100 Jahre Film sind auch 100 Jahre Lüge.

Ich bewundere am meisten denjenigen, der es aus eigener Kraft versucht, der vielleicht mehrfach auf die Nase fällt und dennoch nicht aufgibt. Wenn man kämpfen muß, ist es das größte Problem, den Respekt nicht vor sich zu verlieren. Das sagt Fellini.

Als keine Post mehr an Dich kam und nach Jahren dann eine Drucksache, das hat sehr weh getan, denn Du solltest tot sein, aber wie Du siehst, glaube ich bis heute nicht, daß Du gestorben bist. Und wenn ich noch einen Film mache, lebst Du sicher noch ein Jahr weiter und kannst meinen Brief an Dich gedruckt lesen, ja, Louise. Du ließest Dir ein größeres Emailleschild mit Deinem Namen anfertigen und darauf stand: Sportinstitut. Ich fand das so spaßig, weil hinter diesem Institut nur eine kleine Frau stand, aber für wie viele zählte sie ... Vor das Schild stellte ich meine einzige Liebe, Lill Cat, und fotografierte sie. Das Bild habe ich leider nicht mehr, da käme mir nämlich wieder das unwiederbringliche Gefühl und der Schmerz über die unwiederbringliche Zeit und das unwiederbringliche Gefühl. Wieder müßte ich auf meinen Hosenschlitz schauen. Sie war ein überreifes Kind, und ich war ein unreifer Mann. Aber so, wie die ersten Schatten in der Seele bleiben, bleibt auch das erste Licht. 30 Jahre später, ich wohnte bei Schmalz, packte es mich wieder, und ich schrieb und schrieb. Das Gefühl zu diesem Gefühl habe ich oft niedergesoffen, aber das Gefühl selber blieb. Das Mädchen ist gar nicht mehr wichtig, ist wahrscheinlich eine alte Frau, die Wäsche aufhängt, aber mein Gefühl sollte ich wieder einmal malen – als täte ich was anderes . . . Ich weiß nicht, warum sich mir ein Entzug als Strafe anbietet, als hätte ich was angestellt oder was unterlassen. Ich möchte dann was zurückverlangen, eine Erklärung für mein seelisches Verhalten oder eben Bewunderung für das, was ich mache. Die hast Du mir ja immer reichlich gegeben. Als Kind mußte ich mich an meine Großmutter hängen, wenn sie mal auftauchte in München und mich dann zu sich nahm. Ich habe Angst, daß mich mal jemand fragt, ob mich meine Oma sexuell mißbraucht hat, weil er nicht kapieren will, daß ich das nur geträumt habe. Die Schwere meines Problems hängt sich natürlich auch an meine Sexualität, denn ich weiß zwar, was ich als Mann brauche, aber nicht, was ich mir nehmen darf. Du hast mich so zur Vorsicht Frauen gegenüber erzogen, daß ich mich fürchte und lieber scheu bleibe, aber doch auch voller Befürchtungen, was ich einer Frau wohl wieder antun werde, indem ich mich nicht festmachen lasse. Nun weiß ich nicht, ob heute erst Donnerstag ist oder schon Freitag. Das ist mir noch nie passiert. Wenn morgen Samstag wäre, wäre ich mir sicherer. Von allen Wänden schauen mich meine Bilder an und wundern sich darüber, was ich wichtig finde. Das mache ich noch und das, sage ich mir oft, und dann bin ich frei. Kapiere ich nicht, daß das meine Freiheit ist, daß ich das machen kann, was sich mir aus mir anbietet?

Manchmal ist das Denken so widrig wie eine Sparbüchse: Da man keinen Schlüssel hat, versucht man aus dem Einwurfschlitz ein paar Münzen zu locken. Heute früh dachte ich, daß ich sterbe: Es schrien Stare, wie sie nur im Tode schreien können. Ich liebe ihre Schwärme, wenn sie in unendlicher Wolkenformation über den Maxhof fliegen. Auch den Viktualienmarkt bevorzugen sie. Schmalz mochte ihre Flugkünste auch gerne: Wir standen da und schauten zu, bis wir uns den

Sebastiansplatz

Hals verrenkt hatten. Ja, die Stare lassen mich immer an Schmalz denken. *Hundstage* erscheint mir jetzt als ein einziger Abschied von ihr. Und wen darf ich hier begrüßen? Die Stare.

Wenn ich so intensiv schaffe, brauche ich mehr Sauerstoff, also schlafe ich trotz des Lärms bei offenem Fenster, und da passierte es: Die Stare flogen in mein Zimmer. Wunderbar. Sie schrien. Meine Mutter schrie: Ein Wunder! Ja, Du! Meine Oma sagte: Die scheißen uns alles voll! Ich war nur baff und freute mich, daß ich jemanden im Arm hielt. Da merkte ich, daß es der schwarze Bär war, den ich mir im letzten Film schenken ließ. Ich habe ihm das rosarote Strampelhöschen angezogen, das meine jüngste Tochter hier vergessen hat, vielmehr ihre Mutter. Einen Großteil des Tages war ich beschäftigt, das Schlafzimmer zu säubern. An die Bilderrahmen hatten sie sich gekrallt und aufs Glas geschissen. Ich putzte und putzte, was hätte ich sonst machen sollen? Mein Totengewand, sagte ich im Moment des Aufwachens, ich küsse dich. Und ich wußte auf einmal, daß in der Dunkelheit der Menschenseele der Bergumriß immer klar war. Darf mir das wichtig sein und erwähnenswert? Schmalz liebte mich wirklich, mehr als alles. Wenn ich zu wenig geschrieben hatte und redete und redete, nachdem ich getrunken, aber zu wenig geschrieben hatte, und die Augenlider mich bereits beschatteten, und wir beide uns bereits in die Kissen eingruben – sie brauchte immer ein größeres Kissen als ich –, sagte sie nie: Sei ruhig, ich möchte schlafen. Ob sie nun genervt war oder nicht, nie sagte sie vorzeitig: Gute Nacht. Ich mußte ja auch nur meine Klappe zuhalten und mich im Kopf ausreden lassen. Was wollte ich sagen? Die Müdigkeit schafft einen letztlich mit ihrem seeligen Schweigen. Und man ist frei vom Urwald zwischen den Beinen und der Wüste des dahingehenden Alltags. Wem wollte ich das sagen? Daß ich allein sein will? Dir. Die Unbegabten haben sich immer vereint, und die Schwachsinnigen haben sich vereinigen lassen. Bewundert habe ich in meinem Leben, außer Dir naturgemäß, nur Dietmar Schneider, meinen langjährigen Produktionsleiter. Natürlich kam ich auch mal groß raus, im Abitur. Als ich die Schule wechseln mußte, da half mir in den Abschlußprüfungen, daß wir in der zwanghaften Schule schon die Infinitesimalrechnung durchgenommen hatten, in der letzten Klasse der Zwangsschule aber nicht, und ich in der Abiturfrage bedeckt dasaß. Du merkst, es fällt mir schwer, aus meinem Hirn abzulesen. Von einem Match steht noch was da, aber die Münze klemmt. Und warum ich mit meiner Frau die größten Schwierigkeiten hätte, wenn ich sie nicht liebte, kann ich Dir jetzt auch nicht sagen, denn ich merke gerade nicht, auf was ich mich alles einlasse. All I can do is thanksgiving. Möge mich ein neuer Abschnitt erlösen.

Ich war immer wieder erstaunt, wie mich beim Filmen alle Verzagtheit verließ und wie ich immer genau das machte, was ich mir vorstellte. Man war auch über mich erstaunt, welche Beweglichkeit, Ausdauer und Überzeugungskraft ich gewinnen konnte. Als mir Kurt Raab im Gespenst *um halb sieben androhte, er habe nur noch bis 20 Uhr Zeit, da zog ich mein Christuskostüm frühzeitig an und spielte den besoffenen Regissör, der sich um Zeitprobleme gar nicht kümmern konnte, und Kurt stand mir zur Verfügung, bis wir fertig waren, halb eins. Ich war so schön in Stimmung, und wir drehten noch den Besuch der 3 Römer in meiner Bar. Und ziemlich nüchtern gelang mir sogar, die Rolle des Wirts zu interpretieren mit einer Leichtigkeit, nach der ich mich immer sehnte. 100 Jahre Film sind auch 100 Jahre Lüge.*

Selbstverständlich gliederte sich Fettnapf in Unterfettnapf und Oberfettnapf. In Oberfettnapf blühten die Bäume. In Unterfettnapf grölten die Bäume, einmal im Sturm, ein andermal am Wirtshaus. Oberfettnapf war so hingekleckert, aber Unterfettnapf stand ordentlich in Reih und Glied, so verstand man unter Unterfettnapf einfach Fettnapf, während Oberfettnapf Oberfettnapf bleiben mußte. Wir wohnten selbstverständlich in Fettnapf, während ich ja schon immer lieber zum Ende meines Aufenthaltes in Fettnapf nach Oberfettnapf ausgewichen wäre, aber das gelang mir nicht. So nahm ich meine weißen Plastiktüten und zog nach München. Immer entferne ich mich in Plastiktüten von einer Frau. Du würdest Dich totlachen, mich einmal dabei zu sehen. Anfangs besuchte mich Schmalz in München, von Fettnapf brachte sie die herrliche Landluft mit und rauschte zu mir in den ersten Stock hoch – ja, warum eigentlich? War ich nicht lange genug bei ihr in Fettnapf geblieben? Doch! Das war es ja gerade. Ohne es zu merken, wollte auch sie von Fettnapf weg und meinte, ob wir eine Wohnung nehmen sollten. Fettnapf! schoß es durch meinen Schädel. Ich wollte kein Kleinfettnapf hier irgendwo in München. Ja, siehst Du, ich bin schon wieder besser drauf. Habe auch zwei Bilder gemalt. Mit *Da* konnte ich nicht aufhören. Ich schätze das Skelett der Mönchskunst, aber sollte ich mit einem Bild für Farbenblinde aufhören, schwarzweiß? Da malte ich *Das Tochter Dada* mit ihrem Indianerspielzeug.

Nun wurde ja das Töchterl in Lawasch geboren, an dem See. Ich wohnte in dem Städtchen von 1965 bis 71. Auch mit meiner Liebe war ich die schönste Zeit dort. Ich ging durch Lawasch und konnte es nicht glauben, daß ich es nicht fasse, daß der Ort da war und ich. Man hatte Dich um das Erbe Deines Vaters betrogen, und ich sollte es ein wenig mit meiner Familie in dem ehemaligen Haus Deines Vaters abwohnen. Du durftest Dich aber weiter um Deine Mutter kümmern und die strapaziöse Schwester der Irrenanstalten. Sie wenigstens durfte dann bis zu ihrem Ende dort bleiben. Sie wählte mich zum Vormund,

und ich stärkte sie in ihrem Willen. Zu gerne hätte man sie wieder abgeschoben. Ich will aber nichts zu Deiner verstorbenen Schwester sagen, schließlich hat sie nachgegeben. In ihrem umnachteten Ende sprach sie öfter von mir und meiner Familie, ob meine Kinder was zum Essen hätten. Ja, und uns hattest Du auch am Hals, als Sorgenlast, die Dich vielleicht sogar das Leben gekostet hat, damit wir Dein Haus bekämen. In demselben Krankenhaus von Lawasch, in dem Deine zweite Schwester ablebte, kam das Töchterl zur Welt. Als wir das erste Mal hingefahren waren und ich zum ersten Mal die Herztöne des Ungeborenen hörte, sagte ich spontan: Das ist Takla Bash, wie sie zu uns über die Prärie reitet. Beim ersten Mal, als wir dachten, es sei so weit, hatte ich Schwierigkeiten mit dem Parkplatz. Da wir nach einer heftigen Kotentleerung der Mutter wieder heimfahren sollten, kam ich nicht von meinem Parkplatz weg. Ich dachte, der Kies unter den Rädern sei schuld. Dummerweise war ich auf dem Parkplatz der Ärzte und rechnete jeden Moment mit einer schwachen Anrede. Aber ich kam nicht weg, sooft ich auch hinundherrangierte. Du, sagte da meine Frau, du hast einen Betonklotz am Kotflügel. Tatsächlich. Du hättest Dich wieder totgelacht. Zwei Tage später war es dann soweit: Ein bronzefarbenes Mädchen, das Indianerkind, war da. Da bist du ja, sagte ich und bekam einen unglaublichen Lachanfall. Zwei Ärzte waren dabei. Die Mutter wollte kurz vor der Geburt sterben, aber kurz nach der Geburt wollte sie, todesmutig wie sie war, doch wieder auch noch ein Söhnchen. Es war halb zwei, und ich meinte, da bekommt sie immer noch ein Mittagessen. Wir mußten nicht lange warten. Ich las einen Artikel über Robespierre. Im Krankenhausgarten stand eine anständige Zeder und ragte in den Sommerhimmel, der der umliegenden Gegend beibrachte, was ein Sommer ist. In ganz Bayern wüßte ich keinen Platz, an dem ich eine Zeder pflanzen dürfte. Erlöst ging ich den Weg zum Bahnhof von

Lawasch hinunter. Für alle Angst, die ich hier einmal erlitten hatte, war ich entschädigt. Jetzt las ich alle Straßennamen erfreut wieder, die einmal wie Peitschenhiebe auf mir gelastet hatten. Allein die Gänge ins Amtsgericht, die neuen Unterhaltsforderungen für meine Tochter aus der Schulzeit zu unterschreiben, waren die Hölle. Ich hatte ja kein Geld, und eine Frau, die auswärts arbeiten mußte. Täglich fuhr ich ins Krankenhaus und hielt das Töchterl auf dem Unterarm. Die Mutter war so blaß. Und immer wieder hatte ich dieses Gefühl der Befreiung nach so langer Zeit der Niederdrückung, wenn ich jetzt mit dem Auto durch Lawasch nach München zurückfuhr. Ich malte noch drei Bilder von der Serie Takla Bash, von der ich vor der Geburt schon 21 zum Empfang des Kindes gemalt hatte. Dann holte ich die beiden – und ließ mich drei Wochen nicht mehr sehen. Damit ich befürchten konnte, sie gäbe anderen, was sie mir versagt? War ich so erschöpft? Eine leere Wolke war in mir, und ich machte *Ich bin ein Schaf*. Kannst Du mir bitte sagen, was mit mir los war? Ich fände es richtig schön, heute nacht davon zu träumen. Dann machte ich einen Film, dann kam Berlin, und jetzt bin ich wieder so weit, daß ich mich nicht blicken lasse. Mutter war ich lange genug, so daß ich kein schlechtes Gewissen habe, denn 4 Kinder im Abstand von 4 Jahren zu füttern und sauberzuhalten war mein Dienst. Die nicht ausgetrunkenen Fläschchen leerte ich gerne auf der Treppe. Du mußt mein Fläschchen nicht trinken, höre ich Dada sagen. Auch zu wickeln brauchst Du mich nicht, aber bitte, halte mir einen spirituellen Weg frei. Ob ich noch erfahre, was sie zu ihren Bildern sagt, finde ich nicht interessant. Sie soll vom Leben bekommen, was sie sich wünscht. Warum mich meine Frau liebt? Sie sieht den Fünfjährigen in mir, der so frech war.

Ich habe immer gern in alten Häusern gedreht, alten Wirtshäusern, aber auch in und vor Denkmälern. Da ist das eigene Alter nicht so lächerlich, man ist ein wenig beschützt, ein wenig Gewähr von Kontinuität heißt das für mich. In und an einem Hochhaus könnte ich keine Geschichte ansiedeln. Vielleicht in Phoenix, aber nicht hier. Da ich kein Sozialarbeiter bin, kann ich auch keine Sozialarbeiterfilme machen! Der Tod allerdings ist schon mein Thema. Und wenn sich ein Sozialarbeiter, ich denke an eine Sozialarbeiterin, mit dem Tod beschäftigt, dann wird es dementsprechend hilflos, verblasen. Ich weiß, ich bin ein Feigling und renne immer weg, bevor ich mich auseinandersetze, so laufe ich seit gestern von Keiner liebt mich *weg von Doris Dörrie. 100 Jahre Film sind auch 100 Jahre Lüge. Bis heute hat sich ein Publikum nicht mit meiner Sprunghaftigkeit abgefunden, obwohl die doch so bezeichnend für Grotesken wäre. Vielleicht hatte ich als Kind keinen Erwachsenen an der Seite, dem ich vertraute und der mir hätte helfen können, eine Richtung zu erkennen. So sah ich mich mit einer unbegrenzten Ausweglosigkeit konfrontiert, der ich nur mit dem Todesgedanken beikommen konnte.*

Beim Kauen warst Du immer auf Dein Aussehen bedacht, besonders in der Öffentlichkeit, als wärst Du eine Reiche geworden. Du hieltest auch beim Kauen inne und schautest mich an, als ob Du Dich schämtest, essen zu müssen. Deine Besuche waren immer so kurz, als schämtest Du Dich Deines Auftritts und liefertest lediglich die Geschenke an die Kinder ab. Ich saß so hilflos da an meinem Arbeitstisch. Ich stand so hilflos auf und stand so hilflos da mit meinen hilflosen Beinen und hilflosen Bitten, doch ein wenig zu bleiben. Du hattest keine Zeit und wolltest mir auch keine Zeit stehlen. Da machtest Du den Eindruck, als ranntest Du noch immer dem nach, was Du Dir vom Leben wünschtest. Ich bekomme, was ich mir immer wünschte. Was anderes konnte ich mir gar nicht vorstellen. Ich machte auch keine Umwege, es schien alles auf das zuzuführen, was ich jetzt betreibe. Nur Verzögerungen gab es, endlose Wartezeit. Es machte mir nichts aus, mit meinem Körper nur die Luft zu verdrängen, wenn mich nur niemand sah und man mich in Ruhe ließ. Schaut er sich immer diese Filme an und ist dann unzufrieden, hieß es. Die Schule störte mich sehr beim Spazierengehen mit meinen Gedanken. Die Schule hinderte mich am Denken. Tagebücher verbrannte ich auf den Pflanzenresten im herbstlichen Garten meiner Großmutter. Was da wohl drinnen gestanden ist? Jede Weihnachten schenktest Du mir so ein dickes Kalenderbuch, das ich vollkrakelte. Wenn mir doch wenigstens mein Aussehen ein wenig Selbstsicherheit gestattet hätte! Auf den alten Fotos bin ich doch tatsächlich ein fescher Kerl mit selbstsicherem Blick. Immer wieder enttäuschte mich angesichts dieses Kerls mein Inneres. Du hast das gespürt. Auch Farben hast Du mir gekauft mit wahrlich wenig Geld. Daher Deine sparsamen Kaubewegungen. Kauftest Du Dir ein neues Kleidungsstück, hast Du Dich entschuldigt, Deine Bedürfnisse heruntergespielt. Aber einmal sollte ich Dir einen Leopardmantel kaufen. 70.000 Mark. Aber in meinem Film *Der Komantsche* haben wir einen ausgeliehen, den Dir zu Ehren Schmalz trägt. So leicht vergesse ich nicht, was fällig war. Dein Rotfuchsmantel wird durch manche Filmszene getragen. In *Die Atlantikschwimmer* habe ich Deine Kleider getragen. Da blieb mir schier die Luft weg, Du warst ja so klein. Außer im *Jungen Mönch* fällt mir jetzt gar kein Bild mit Deinem Fuchsmantel ein.

Zerfloß nicht der schöne Frühling mit dem schönsten Frühlingsgefühl? Ich kam mir wie ein Dieb vor, wenn ich in aller Heimlichkeit etwas schön fand und mich nicht zur Gestaltung herausfordern ließ, die einzige Möglichkeit, anderen mitzuteilen, daß es da etwas gibt.

Dadas Hund

Es einzustecken und nicht herzuzeigen? Wahrlich ein Dieb. Das hatte ich mir nur als Eremit erlaubt. Da ich bis auf den letzten Film Hades *selber produzierte, hatte ich beim Ausgeben des wenigen Geldes die Idee, ein Dieb zu sein.*

So wie ich immer am Rande des Bewußtseins lebte, mußte ich mich auch immer am Rande der Finanzierung aufhalten und über den Abgrund springen. 25mal gelang mir das bislang. 100 Jahre Film sind auch 100 Jahre Lügen.

Regen. Hohe Bewölkung. Die beiden Frauentürme möchten so hoch sein, wie sie vor 500 Jahren geplant wurden.

Dalmatiner! Kruzifix, schreib es hin, damit man eine Ahnung hat. *Dadas Hund* ist ein Dalmatiner, der einen allergnädigsten Kotau macht vor dem unendlichen Himmel.

Entschuldige bitte, daß ich so komische Namen verwende, aber Du bist auch eine Tote. Und den Toten soll man bekanntlich nicht die Namen preisgeben, denn wer weiß, wie irrtümlich die sich rächen könnten. Du hast mich schließlich über alles geliebt.

Samstag. Mein japanischer, ovaler, olivgrüner Holzteller leigt, nein liegt – irgendwie bin ich schon Legastheniker, Du hattest als Kind auch lange Schwierigkeiten, Unterlängen zu schreiben –, noch am Boden: Meine Frau hat mich angerufen und gefragt, wie es mir geht. Blendend, sagte ich. Der Dalmatiner ist wirklich schön anzuschauen – nur weiß ich nicht, was ich nach ihm malen soll und könnte. Ist 44 eine gute Zahl? 44 Bilder sind es jetzt nämlich. Es ist angenehm, in weniger als zwei Minuten auf dem Marienplatz zu sein und bei einem Espresso auf den Marienplatz zu gucken. Die Kaiser-Buchhandlung hat geschlossen. Die Gesellschafter haben auf Kosten der Mitarbeiter Konkurs gemacht. Wie das Arbeitsgericht entschieden hat, habe ich noch nicht gehört. Sport Münzinger ist immer noch dort im Rathaus, wo er immer war. War versucht, hineinzuschauen, denn Du hattest dort immer mit einer blonden Verkäuferin anregende Gespräche über alte Zeiten, als Du Chefin warst und sie Riegenführerin im Turnverein 1860 war. Aber die ist ja längst in Rente, wenn sie noch lebt. Du wärst jetzt 82. Ich kann mir Dich gut vorstellen, die kleine, nach wie vor tapfere Frau, die noch so hager ihre Sachen zusammenhält und sich ihren Teil denkt, wenn Mädchen meinen, so gut wie sie hätte sie noch keine Generation verständigt. In Gedanken kleide ich Dich aber anders ein, nicht mehr in den eher geschmacklosen Bogner-Sachen möchte ich Dich sehen. Ich sehe Dich in einem leichten schwarzen Trenchcoat. Die Winter sind ja nicht mehr so kalt. Das sind Winter, an denen man die Hühner jeden Tag ins Freie lassen kann. Deine Haare wären nach meinem Geschmack jetzt kürzer, damit Dein dürres Gesicht nicht zu sehr in die Länge gezogen wird. Das Haar nicht mehr blondiert, sondern grau mit dunklen Strähnen. Mit weißen Haaren mag ich mir Dich nicht vorstellen. Dein Lippenstift, selbstverständlich ist der noch im Strich, damit Du Dich angezogen fühlst, und bescheiden wirkende Goldringe an den Fingern, nicht mehr diese Kunstwerke, die ich bei meinem Vater gemacht habe. Wo ist eigentlich die aufgehende Sonne geblieben? Ach, habe ich da lange nicht mehr drangedacht! Im Kaut-Bullinger verkaufen sie jetzt auch Koffer, und bei Kustermann verstellen die Nippessachen den Weg zum Handwerkszeug, soweit noch vorhanden. Da ich keinen Künstlerausweis habe, kriege ich keine 10 Prozent. Ich gehe doch nicht in die Chefetage und sage, wer ich bin. Hugendubel ist jetzt die große Buchhandlung am Marienplatz. Auch hier will ich keine Prozente, obwohl sie mir ein Etagenleiter von Gotaasch zugesprochen hat. Jetzt ist es heraußen, Gotaasch, wie Lill Cat den Ort nannte, wo Dein Haus an der Bahn stand. 39 Jahre war das Wort in mir verschlossen. Von der armen Marilyn Monroe werden immer noch Fotobände neu verkauft. Aus dem Stehausschank neben der Heiliggeistkirche brüllt Hans Albers. Wenn sich wieder einer zu Tode gesoffen hat, hängt man einen kleinen Kasperl an die Kasse. Vor lauter Kasperl ist die Kasse kaum noch zu erblicken. Eine Blasmusik zieht herum und spielt alte Weisen, was mir gar nicht gefällt, weil ich an die alte Politik denke. Als ich als 20jähriger dieses abgedroschene Zeug hören mußte, das mir als 10jähriger gefallen hatte, war mir das zuwider und ließ mich die verachten, die Anhänger so eines Repertoires waren. Alles, was undemokratisch sein könnte, und der alte Hut ist es, macht mich ungemütlich. Denn unter Demokratie stelle ich mir sehr was Feines vor, das wach macht und schöpferisch, weil sie bei jedem nachsehen will, was er Neues in sich hat.

Der jetzige Bürgermeister hat auch einen starken Mundgeruch, und sein Magen knurrt! Was ich übrigens bei dem kurzen Bericht von dem Bruder aus Kandlbach vergessen habe: Die 3 Wochen, da sein Bruder tot im Schuppen gelegen ist, hat er im Wirtshaus keine Würstl mehr gegessen, sondern nur Suppe – wegen seinem Magendrücken. In den Arkaden vom Donisl spielt dann noch ein chinesischer Musikant, den ich schon lange beobachte. Seine Töne tun immer so schön weh. Er spielt Altchinesisches auf seiner altchinesischen Geige. Ich gebe ihm vier Mark und sage: Bub, spiel auf, Bub! Weit hinten in Schwabing ist das Siegestor ganz klein im Regen. Das Münchner Wetter hupft herum, nur nicht auf dem Schnee. Ja, in Kandlbach habe ich mich oft mit den Fäusten auf die Schläfen geschlagen. Und meiner Freundin sagte ich: Wenn meine Mutter wüßte, wie es mir bei Dir ergeht! Das Elend der Gegend war zu zweit viel unerträglicher, als wenn man alleine darin herumging, da brauchte man sich nicht darum zu kümmern. Damals hatte ich noch überhaupt kein Auftreten. Ich mußte ja vorerst meinen Gedankenkerker schützen, in dem die zartesten

Gedichte entstanden. Als ich dann ins Wirtshaus ging, stand mir das lustige, aber auch harte Gebaren meines Vaters zur Verfügung. Und dann fing ich auch gleich zu filmen an. Da dachte ich oft an Dich: Ein munteres Auftreten ist immer von Vorteil, auch wenn das Fachwissen ausbleibt. Auch trotz des vielen Bieres sah ich eher aus wie ein Asket. Im Toilettenspiegel war ich aber von meinen roten Augen entsetzt. Ich mochte den Zigarettenrauch nicht und konnte ihn doch nicht vermeiden. Gut, daß Du mich so nicht erlebtest, war schwer, Dich beiseite-, runterzutrinken. Ich machte wieder die ganze Abschiebedistanz durch, den ganzen Tanz. Da sagte doch glatt einmal Deine Schwester, mein Vormund, als sie mich weckte und ich mich ins Kissen vergrub, daß ich Dich einmal so wie das Kissen umarmen sollte. Das täte Dir so gut, meinte sie. Wenn Du mich berühren wolltest, habe ich nach Deiner Hand geschlagen. Irgendwann war alles zu spät. Auch trank ich nur, um an Mitternacht endlich wieder einen Tag hinter mich gebracht zu haben. Ich verglich Dich im ganzen und teilweise mit dem, was mir unangenehm war: deinen Mundgeruch mit dem Emmentaler z. B., Deine Bräune mit Gegrilltem. Deine Rede mit Pisse und Dein Lachen, Dein Lachen mit einem bissigen Hund. Einmal standest Du nackt an der alten Singer-Nähmaschine, bevor Du gingst. Du zogst Dich um zum Weggehen, der kleine schwarze Hund war schon ganz unruhig. Du fuhrst zurück in die Stadt, in die Welt. Ich mußte im Stall bleiben, der eng und ich klein war. Schwor ich mir damals, aus meiner winzigen Welt, meinen wenigen Requisiten, Welt zu machen, einmal, wenn mir die unbegrenzte Weite zur Verfügung stand? Ich ging dann hinaus und ließ von der Landschaft mein Herz beruhigen, ein Baum war immer da. Das Gras war immer weich. Der Tag verging immer, und der Abend würde schön und leise werden. Erst wenn Du weg warst, bekamen Deine Geschenke einen Wert und wurden von mir angenommen, auch wenn ich mich wegen ihrer Kostbarkeit vor den Bauernkindern schämte. Ich war aber gezwungen, sie in mein Spiel einzubinden, verstand sie zu verführen, und bald war ich so was wie ein Häuptling, weil ich die einschlägige Literatur kannte, von der sie keine Ahnung hatten, nicht einmal von Karl May. Als ich über die ganze Verwandtschaft hinausgewachsen war, schenktest Du mir die jährlichen Nobelpreisträger. Die las ich, auf meinem Bett liegend. Ich war so schnell gewachsen, ich war so groß, ich war so müde, ich war so bodenlos enttäuscht, ich mußte mich aufs Bett legen, um nicht im Erdboden zu verschwinden. Was sollte ich denken? Der Kopf war am schwersten. Im Garten draußen bogen sich die Apfelbäume unter der Apfelblütenpracht, und ich konnte nicht einmal weinen. Ein Grabstein war ich, auf dem nichts stand. Und dann kam wieder so ein Herbst, und die Bäume bogen sich noch mehr. Ich war so eine Frucht, die einfach nicht aufsprang, so schwer war mir am Tragen meiner selbst. Kaum daß ich eine Wiese überqueren konnte, kaum daß ich die Last des matten Sonnenscheins auf meinem Rücken ertrug. Meine Güte, wohin war denn das Kind verschwunden, das ich einmal gewesen war, das so einen Spaß hatte, nach den Sonnenstrahlen zu greifen? Und sich so freute, daß es sie nie erwischte, und aus dieser Freude weitermachte, so wie ich es heute tue mit Wörtern, Sätzen und Bildern. *Doktor Schiwago* gefiel mir sehr, da kam in den Gedichten die bayerische Hochebene vor. Was, ein Russe wußte davon? Man konnte also von sich aus weit, weit denken, bis in die Äußere Mongolei. Auf Attika las ich einen Gedichtband von Pasternak, da fand ich aber nicht mehr das feeling, lag's an mir, lag's an Pasternak? Ich versenkte den Band in der Ägäis. Meine zweite Reise führte mich nach Griechenland, wo ich gleich 3 Monate blieb. Wahrscheinlich lag es an der betulichen Übersetzung. Gedichte übersetzt man auch nicht. Ich nahm mir vor, nur noch deutschsprachige Literatur zu lesen. Und schon bald entstand in mir die Idee, daß ich unübersetzbar schreiben wollte. Pause!

Ich dachte mir immer: Der Wind denkt mehr als ich. Du mußt dir nichts denken, sagte ich mir. Sonnenblumen sind immer gelber als die Sonne. Und einige Fragen an den blauen Himmel hast du noch immer. Man muß bereit sein, sein ganzes Leben seinen Übungen zu widmen. Man kann aber nichts erzwingen, auch das Üben nicht. So sitze ich da und nähe in aller Ruhe meine Hose. Es hängt alles von mir selbst ab, und das wird heutzutage schwieriger. Aber es liegt mir nicht zu sagen: Es war einmal. Schließlich habe ich 10 Jahre gesoffen, um die Ruhe zu bewahren. 100 Jahre Film sind auch 100 Jahre Lügen.

Teigaffe ist auch so ein Wort, das Dir gefiel. Sauaff ist bei Karl Valentin gebräuchlich, den ich über alles schätze. Er löste Christian Andersen ab, den ich Dir verdankte. Damit sind wir bei der *Seejungfrau* angelangt, und ich erkenne wieder Deine Schmerzen beim Gehen und Dein Schweigen darüber, manchmal hast Du aufgeschrien und wolltest vor Erschrecken im Boden verschwinden, aber da Du so sehr mein Glück im Herzen wünschtest, bestimmt so intensiv, wie ich unfähig war, es zu finden, wirst Du erlöst worden sein. Wenigstens von mir.

Andere Bücher hat es wenig gegeben. Die Romantitel Kafkas las ich mit Schaudern, kam mir aber zu gering vor, die Romane selbst zu lesen. Es ist aber jetzt nicht Herbst, und der Winter ist nicht vor der Tür, so daß man nicht mehr auf Parkbänken herumsitzen könnte, um sich mit Literatur abzuquälen wie vor 35 Jahren mit Rilkes Elegien, vielmehr geht der Winter zu Ende, und ich gebe die Hoffnung nicht auf, daß mich die Liebe noch findet. Ich hatte einfach keine Lust, bleischwere Luft zu lesen, was nun einmal Literatur ist. Ich wollte denken und nicht nachdenken. Auch suchte ich keinerlei Anweisungen zu einem Lebensverhalten. Wenn es eben nicht anders ging, weil in Landshut kein Heuschuppen steht, dann ging ich mit meiner ehemaligen Schulfreundin in den Landshuter Dom. Neben dem Eingang liebten wir uns im Stehen im Gedränge der Kirchenbesucher. Einige polterten, weil sie nur die Küsse sahen, das andere verbargen die Wintermäntel. Keiner traute sich, der Erhabenheit und Heiligkeit des Ortes wegen, laut zu protestieren. Wieviel Feigheit mag so ein gotischer Backsteindom schon erlebt haben? Ach so, Backsteine sind stumm, ich denke an Auschwitz. Dabei hatten wir in unserer Leidenschaft nur eine Sorge: nicht umzufallen.

Vor nicht allzu langer Zeit erfuhr ich aus der Zeitung, daß japanische Mütter mit ihren studierenden Söhnen schlafen, damit sie nicht von ihrem Studium abgelenkt würden. Ich mag mir das nicht vorstellen. Als ich gestern abend die rumänische Bedienung betrachtete, von meinem Schreiben wieder aufmerksamer gemacht, sah ich dieser Tochter eines Arztes gerne zu. Kräftig und charmant, selbstbewußt und angenehm stolz, ging sie ihrer Arbeit nach. Sie ist bestimmt appetitlicher, als ich sie aus meiner Erinnerung dargestellt habe, denn da sind mir schon andere Bedienungen dazwischen gewachsen, die unflätig Krawatten abschneiden oder auch mal fett hinfallen. Aber in das Lokal, in das ich nun mal gehe, gehe ich nicht zum geringsten auch wegen der Bedienungen. Oft trösten sie mich in einer Niedergeschlagenheit. Wie geht es dir denn? Gerade bin ich wieder der Leichenfrau beim Abwaschen davongelaufen, sage ich dann, und man winkt wegen meines allzu derben Spaßes ab.

Schleimscheißer!

So betrunken kann ich abends gar nicht sein wie ihr tagsüber. Ja, man hat manchmal blöde Sprüche drauf. Wenn man zwar nicht weiß, wo es hingeht, so merkt man doch, wo es vorbeigeht.

Von den zwei Bildern heute habe ich absichtlich geschwiegen: *Dadas Berg* und *Dadas Bär*, das eine zu lasch, das andere zu streng. Wenn ich ein Polaroidfoto machen kann, freunde ich mich mit neuen Bildern eher an. Aber so dauert es. Denn der Kampf am Boden und die Kreuzschmerzen machen mich leicht wütend auf das, was ich da produziere. Getrocknet, an den Schrank gehängt: Ist doch gar nicht so schlecht!

Ich habe noch heute keine Lust, zu einem Ton auszuholen und ihn vorzutragen.

Da studiere ich doch lieber nicht, bevor ich mit meiner Mutter schlafen muß!

Wenn ich mit den Bauernkindern spielte, plärrte der Bauernsohn immer, daß das so und so ginge. Nein, sagte ich, das geht so. Die Mädchen sahen das immer viel eher ein, und ich kriegte es satt, mich mit dem Dummkopf abzugeben, und er wandte sich wieder den lebenswichtigen Dingen zu, schließlich mußte er auch schon wie ein Erwachsener mitarbeiten. Der Schule blieb er nach Bedarf fern. Er hat mir nie eine Zeile geschrieben, nicht einen Gruß. Das machte immer seine Frau. Ich glaube, er kann nicht einmal seinen Namen schreiben. Aber auf der Raiffeisenbank wird er doch nicht drei Kreuzchen gemacht haben ... Mit ihm hatte ich jeweils an Sylvester die beiden ersten Räusche, wir tranken Escorial grün und Danziger Goldwasser abwechselnd. Er kotzte in den Ausguß, und ich rührte mit dem Finger um, schließlich wollte ich ja eine Zeitlang Arzt werden. Dann kam das ganze Drumunddran, tanzendes Bett und dröhnender Kopf am nächsten Tag, aber der Hokuspokus in der Neujahrsmesse war angenehm weit weg, so weit wie die biblischen Wüstengeschichten, die man uns Waldleuten bis zur totalen Verblödung vortrug. Was kümmerte uns das Problem eines Nadelöhrs mit einem Kamel?! Der Bauer machte in die Falte seines Mantels eine Fickbewegung, da schaute ich weg, weil man mit der Liebe keinen dreckigen Spaß macht.

Habe über *Dadas Bär Dadas Mutter* in Hellblau gemalt. Vielleicht aus schlechtem Gewissen. Als ich drei Wochen nach der Geburt wieder auftauchte, war einer seidenen Stoffbahn am Fenster von der unermüdlichen Sommersonne das Blau herausgebleicht, das erschreckte mich am meisten. Jetzt regnet es ja immer. Zudem stünde die Sonne noch zu tief. Aber was sollte noch bleichen?

Vorstellbar, daß sie anderen gibt, was sie mir versagt, und sich holt, was sie von mir nicht bekommt? Aufmerksamkeit, Verständnis, Liebe, Sex? Bin oft enttäuscht von mir. Bring es nicht los.

Auf *Dadas Berg* hat sich ihr Hund geflüchtet, und in Angst nimmt er seine Demutshaltung ein. Am Fuße ihres Berges steht Dada mit Flügeln und Wellen, die aus ihrem Kopf vibrieren und zeigen, daß sie tatsächlich fliegen wird, falls sie der schwarze Löwe angreifen sollte, der von was Blutigem hochsieht. Eine jede Interpretation verweigert sich mir. Habe gemalt, was fällig war. Den Rest des Tees, den ich zum Malen machte, kann ich jetzt trinken. Ist 46 eine gute Zahl?

Ich habe noch gar nicht vom Mittagessen berichtet: Wammerl mit Wirsching, der schmeckte aber nicht mehr. Es kamen fünf Deutsche von irgendwoher. Wenn du dann ißt, sagte ich mir, wird die Enge erträglicher. Da hatte mein Gegenüber auf einmal was an der Nase, hell wie die Innenseite einer Brezenrinde. Ich deutete auf meine Nase, aber er bemerkte nichts. Na, sagte ich mir, da kann ich nicht essen. Wenn ich da hinschaue, pruste ich los. Endlich machte ihn seine Frau auf das Zertifikat auf seiner Nase aufmerksam, nachdem die anderen schon an ihrer Nase gewischt hatten, ohne daß er sich was dachte. Tu doch deinen Verband runter, sagte seine Frau. Er hatte mit einem Fitzelchen Papier die Operationswunde eines entfernten Mitessers abgedeckt. Ich fragte die Frau, ob sie ihn gebissen habe. Nein, sagte sie, da wisse sie schon eine bessere Stelle an

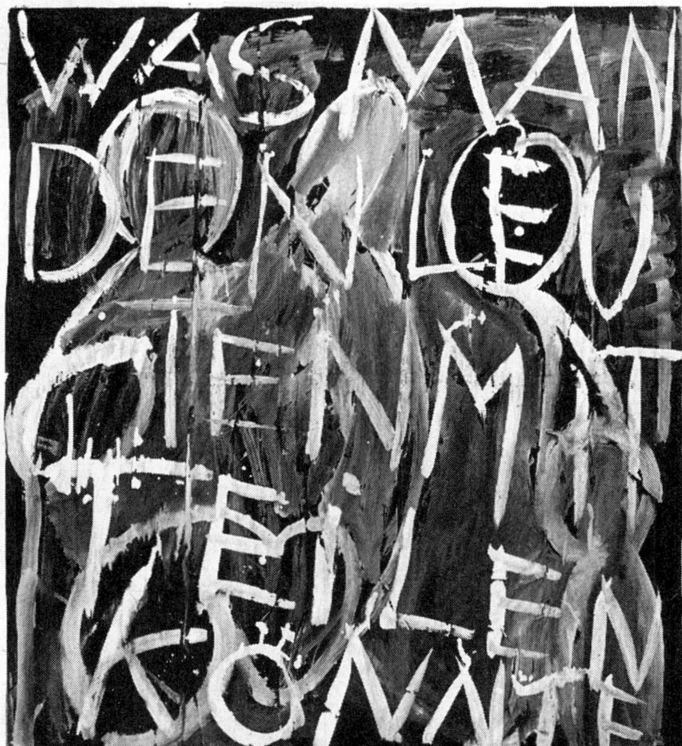

Marienplatz

ihrem Mann. Weil ich mir nicht das Geschmackloseste denken wollte, wußte ich nicht, was ich denken sollte. Da kam ja schon mein Essen. Alle warfen ihre Augen auf mein doppeltes Wammerl. Wieder einmal hatte ich vergessen, eine Kinderportion zu bestellen. Seniorenportion, nennen das die Bedienungen vorschnell. Meine Tischgenossen waren bestimmt 10 Jahre jünger als ich, jeder einzelne. Aber sie kamen mir in ihrer Selbstgenügsamkeit so alt vor wie das Standardrepertoire der Volksweisen. Ich werde einfach nicht älter als die 24 Jahre in mir! Ich hätte natürlich gerne gewußt, wie schnell mein Gegenüber den Pickel bekommen hat, ob er angeflogen oder angekrochen kam. Wenn ich mir einen Pickel von Dir ausdrükken ließ, bekam ich 1 Mark. Ich dachte mir schon, Du fährst nur wieder weg, damit ich Zeit hätte, neue Pickel zu züchten. Jetzt habe ich schon lange keinen mehr gehabt. Wozu auch. Ist doch nur lästig. Lange habe ich irrtümlicherweise Pickel mit B geschrieben. Wenn ich es so bedenke, warst Du mir beim Pickelausdrücken immer am nächsten. Da hast Du gesucht und gesucht und gedrückt und gedrückt. Und dann haben wir gemeinsam begutachtet, ob es sich gelohnt hatte. Das hätten wir genauso in Ostafrika gemacht, der Kilimandscharo hätte zuschauen können, wenn Dich das Jagdfieber packte, hielt Dich nichts mehr, obwohl Du sonst so auf korrekte Auftritte in der Öffentlichkeit bedacht warst. Leider sind wir nie zusammen verreist.

Krautstampfer.

Nicht weil ich dumm war, wie ich lange meinte, wollte ich nicht in die Politik, sondern weil dort niemand gut war. Niemand erzählte einem, daß einer von der Politik von der Güte etwas annahm. Nichts trug den Himmel der Ermüdeten. Nur geistesabwesend gelang es mir, wie ein verwundetes Tier einen Fluß nachzuziehen und darin meine Bilder zu finden. Ich bin der

Schwarze vom flachen Land, sagte ich mir, der die Berge findet. Es zog mich auf einen Gipfel, wo noch kein Tempel stand. Wo niemals einer stehen wird. Auf dem höchsten Gipfel weinte immer Chaplin. Es schmerzte manchmal wahnsinnig, nicht seinen Weg gehen zu können. Er ist der einzige Filmemacher, der mir im Traum erschienen ist. Als er siebzigjährig in meinem Zimmer auf und ab ging und sagte: Deine Bilder gefallen mir schon. Aber ich kaufe dir keines ab, weil du damit doch nur wieder einen deiner Filme finanzierst, da war das schon sehr hart für mich. Ich ging einfach weiter. Immerhin war es ein Gruß.

Faschingssonntag. Malte *Blaue Blumen*. Eigentlich *Dadas Vater* in rot, sehr streng. Aber um ihn malte ich blaue Blumen. Sie verblassen ja so schnell. Frage ich Schmalz, ob ich zu meiner Familie gehen soll oder wenigstens dort anrufen, sagt sie vor lauter Selbstverständlichkeit nichts. Den Kopf zieht sie ein aus Nichtverstehen. Lill Cat schweigt, als wäre sie schon tot, als wäre das ein Grund. Du lächelst, Du kennst Deinen Sohn. Kandlbach kann man nicht fragen, es ist zu sehr mit sich selbst beschäftigt, mit seinen Hilfs-Sheriffs. Und Fettnapf wartet auf seinen nächsten Gast. Lawasch ist zu verschlafen, und Gotaasch schläft noch. Es ist Nachmittag. *Voice of America* übertönt den Lärm vom Marienplatz. Meine Frau versteht nicht mein Zen. Noch nicht. Morgen besucht mich wieder Laura, meine Italienerin. Sie liebt meine Sachen. Schwarze Hüte will ich noch malen. Ich muß Dich ja noch begraben. Aber zuerst muß ich Dich ausgraben aus meinem Herzen, und dann kann ich Dich umbestatten. *Gelbe Zitronen* soll Dein Bild heißen. Ein Gesicht eindeutig wie eine Zitrone. Wie eine Pflaume, die kann immerhin blau oder gelb sein. Oder am simpelsten wie eine Tomate. Tomatengesichter eilen zum Marienplatz. Der Fasching ist wichtig wie ein Beerdigungszeremoniell. In meinem letzten Film *Hades* grabe ich wenigstens einen Juden ein. Das ist ein menschliches Bedürfnis. Den spiele ich. In den großen Zoo-Palast zum eigenen Film zu gehen ist eine Aufregung, Du hättest Dir sicher in die Hose gemacht. Als ich die Teppich-Treppe hochging, sagte ich: Jetzt bin ich der King. Das Kind durfte nicht mit, weil der Film erst ab 18 Jahren freigegeben ist. Da war im Foyer nichts zu machen, das sei eine europäische Festivalabmachung. Eine Inderin lachte und meinte, in Indien nähmen die Mütter immer die Babies mit, wie kämen sie sonst ins Kino? Ich sagte, das Baby würde doch schlafen. Weit gefehlt: Das Baby schaute sich auf den Knien seiner Mutter den ganzen Film an. Der Produzent hatte an höchster Stelle doch noch den Einlaß von Mutter und Kind bewirkt. So sah es seinen ersten Film mit offenen Augen. Nur manchmal muckte es, als paßte ihm ein Schnitt nicht, als wollte es länger in die einzelnen Bilder hineinschauen. Ich habe mich nie mit Leuten verstanden, die alles wörtlich nehmen. Wegen der Interviews habe ich in Berlin einen Besuch im Ägyptischen Museum vergessen. Auch mein Besuch der Ausstellung von Grosz blieb oben.

Als junger Hund hatte ich die Vorstellung, eine Lawine loszutreten, die ich dann nicht mehr aufhalten könnte, die mich dann mitrisse. Wie ich dazu kam, der ich ja nun wirklich schwerfällig war, weiß ich nicht. Ich entschied mich, zum Haus der Deutschen Kunst zu gehen. Die Leutchen mit den Tomatennasen scheinen sich nur am Marienplatz versammelt zu haben. Es schien zu schneien zu beginnen. Am Rande des Hofgartens dachte ich mir, daß ich jetzt auch die CDU wählen würde, mit diesem Kanzler, wenn das nur in Bayern ginge. Diese Drecksaffen hier kann ich nie und nimmer wählen. *Romantik von 1790 bis 1990* war das Thema der Ausstellung. Da gab es doch vorher mehr Romantik als nachher. Ein häßlicher Bilderverschlag, Krusch wie im Kaufhaus. Kiefer und

Schlemmer fielen heraus, ich fühlte mich sofort dazwischen. Wenn ich jetzt fertig bin, muß ich meinen armen Pinsel an die Wand hängen, das hat er verdient. Du kannst Dir nicht vorstellen, wie naiv ich war, ich, Dein schöner Sohn, Tennisfrausohn, wie Lill Cat sagte. Da ich mich an kein Kondom wagte, habe ich mir mit einer Schnur die Vorhaut zugebunden, bis der Penis blau war, so daß ich meine Vorrichtung wieder aufgeben mußte. Meine Schulfreundin ließ mich dann hinein, das war in dem stürmischen Jahr 57, und 58 war noch kräftiger. Ich war jetzt ein richtiger Mann, erlaubte mir richtige Fantasien, ungezählte Hände, die aus dem Meer ragten, was ich aber nicht malte, damit ich Dich nicht schockierte. Du hast ja meine Bilder immer auf meinen seelischen Zustand hin interpretiert. Das schmeichelte mir schon, aber ich wollte Dir auch nicht weh tun, durfte mich also nicht verraten. Als ich auf der Eisenbahnbrücke über die Donau bei Kandlbach erfahren hatte, daß ich nicht selbstmordgefährdet war und immer wieder zu einer Harmonie, einem Ausgleich, zurückfinden würde, malte ich *Apfelblüten*. Es hing die letzten Jahre in Deinem Zimmer. Das mit dem Penis war nicht weit weg in einem Wald, nicht weit weg von dem Baum, bei dem ich mit Lill Cat gelegen war – ohne so schwermütige Wünsche von Einzipfeln. Vielleicht hatte Lill Cat das erwartet. Du hättest mir schon manchmal einen Hinweis geben können, statt zu weinen, weil Du mit ansehen mußtest, daß das Leben an mir herumpfuschte. Wahrscheinlich hast Du Dich wieder in mir gesehen, und der tote Herbert hing ja auch immer wie ein Punching-Ball in der Luft herum. Natürlich rannte ich mit meiner Schulfreundin auch auf den Königsplatz, wo ein Jahr vorher mir so leicht gewesen war wegen der Weite über dem Platz, aber nun war ich schwer wie so eine Säule. Und wenige Jahre später, nachdem ich mit meinem Vater einen kleinen Faschingssonntagnachmittag auf dem Marienplatz verbracht hatte, schlich ich weg, schlich zum

Königsplatz, der mich nie mehr trösten sollte, bis auf die Aufnahmen mit dem Kindl in *Hades*. Wenn mir gar nichts mehr einfiel, sagte ich: Ich gehe in die Fremdenlegion. Um Gottes willen, hast Du dann gesagt, meine Glieder gezählt, und mir fehle dann sicher ein Glied, wenn nicht das Leben. Nie hast Du gesagt, ich könne Dir dies und jenes nicht antun. Immer sagtest Du: Tu dir das nicht an! Und Du hast mir mit lachender Träne was aus Deinem Leben erzählt, das mich ablenken und aufmuntern sollte. Auch mein Vater war so ein Produkt Deiner Erzählweise. Wenn Du von ihm erzähltest, schien er mir so entwaffnend, als könne er allein 17 Mann umzingeln. So war er im Leben nie, aber es war ja auch was dazwischen: Zeit und Liebe waren vergangen. Er hatte jetzt eine kleinliche Frau, die vielleicht die alten Geschichten von der größten Liebe seines Lebens, nämlich Dir, nicht hören wollte, und einen zu kleinen Hut, der für die verbliebene Fantasie wohl reichte. Du hast mir auf jeden Fall aus Eurer Beziehung vermittelt, was Dir rettenswert schien, die Originalität meines Vaters. Da verneige ich mich vor Dir, denn Du hättest ja auch nur schimpfend, klagend, vorwurfsvoll von A reden können, bedanke mich und schenke Dir eine gelbe Tulpe, die ganz fänomänal aus einem Stiel zwei Blüten hat, fänomänal für die immer einblütige Tulpe. Oder soll ich Dich umarmen, mich noch einmal in der Paradieseswolke bergen wollen, die Du für mich warst? Komm her, mein Pullover ist auch weich, Kaschmir. So. Deine Haare sind immer noch schön, weich und voll. Ich habe nie einen Menschen kennengelernt – und kenne auch keinen aus meiner Nachbarschaft –, der das Leben so geliebt hätte wie Du. Nicht seinen Beruf, den auch, nicht seine Verdienste, in diesem Fall mich, nein, das Leben schlechthin, in welchem Fingerzeig es sich auch zeigen mochte. Du warst so dankbar, daß Du leben durftest. Immer hast Du in das Leben hineingelacht. Wenn sie Dir eins überdroschen, hast du aufgeschrien, aber gleich die Tränen weggewischt, Dich entschuldigt, daß Du flennst, und gleich wieder gelächelt, was nur blöde aussah, wenn keiner Dein Lächeln annahm. Ja, die Menschen, wenn sie weit kommen, dann machen sie aus ihrer Dummheit eine Intelligenz. Brutal sind sie so und so. Ich danke Dir für Deine Güte.

Marie-Noëlle sollte ich anrufen, weil sie an meinem Ergehen hängt. Meine Französin, die so schön wie intelligent ist.

Ein paar Menschen gibt es schon, die zu meinen Filmen stehen. Meine Filme sind keine behinderten Kinder, die nur ich lieben muß, um sie vor den vielen falschen Augen in Schutz zu nehmen. Wahrscheinlich bin ich einmalig in der Filmgeschichte: Ich mache Filme unter Ausschluß eines Publikums. Einer darf es machen, und ich habe dieses Los gezogen. Aber ein Mißerfolg ist niemals leicht zu verkraften. Man darf nicht zu sehr nach Bestätigung suchen, das lähmt. Auf die Reaktion auf meinen Film *Punch Drunk* blieb mir die Luft weg, auf meine filmische Reaktion auf Tschernobyl: gleich null. Aber durch das Schreiben und Malen verstehe ich schon zu kompensieren, um nicht aufzugeben und weiterzumachen. Fühle ich mich doch nie so wohl wie beim Filmen. Wenn einem Kräfte zuwachsen, fühlt man sich immer jung. Aber sind meine Filmkinder nicht doch behindert, fehlen ihnen nicht die Flügel, die andere Filme so weit tragen und sie angenehm vor das Publikum schweben lassen? Keine Flügel zu haben ist keine Behinderung, ist normal. Flügel sind Kitsch! Und wenn wir ein mongoloides Kind bekommen, ihr Arzt verunsicherte meine Frau wegen meines Alters, tröstete sie uns: Dann bleibt es uns wenigstens. Nicht einmal ein mongoloides Kind braucht Flügel! Aber wenn ich von meinem inneren Standpunkt von 24 Jahren zu mir hochsehe, hat mein Alter schon etwas Abstoßendes. Ob ich wieder aus dem Schlafzimmer gehe und schnell zurückrenne, um zu riechen, ob es nach alter Mann riecht? Jetzt sind ja die Farben der stärkste Geruch.

Ich sei einfach besessen, sagen die Leute immer häufiger, weil sie mit meiner Produktion nicht zu Rande kommen, das klingt in meinen Ohren wie eine Behinderung. Mein Leben lang hatte ich eine natürliche Abneigung gegen alles, was jedem gefällt, was jeder tun möchte oder tun sollte. Das heißt aber nicht, daß ich nicht gern zu jemandem gehören möchte, der mir ein Lammkotelett zubereitet oder, besser noch, mich zu einem solchen ausführt. Es gibt doch nichts Schöneres, als ein Lammkotelett mit einem lustigen Menschen zu verspeisen: Der eine kaut auf der einen Seite des Koteletts, der andere reißt auf der anderen Seite des Koteletts. Da muß doch nicht ein jeder so vor sich hin fressen, Mund abwischen und artig sein. Schmalz war sicher nicht lustig, in all den Jahren war sie zweimal beschwingt, und weißt Du, was sie mir geschrieben hat? Sie lasse sich von meinen düsteren Gedanken nicht mehr hinunterziehen! Also, öfter als zweimal war ich gewiß lustig. Nein, leider erinnere ich mich, sie nur einmal zum Lachen gebracht zu haben. Komiker ist ja ein Schimpfwort in Fettnapf. In Kandlbach dürfte man das Wort heute noch nicht kennen. Ich bin ja gern das schwarze Schaf. Ich war immer mißtrauisch, ich wollte keines dieser Schafe sein, die zur Schlachtbank gehen. Deshalb kenne ich die Vergnügungen innerhalb der Schafherde nicht, und wann immer ich was aus dem Innern der Schafherde erfahren habe, war es viel trostloser, als ich je annahm. Um kein Lammkotelett zu werden, verzichtete ich gerne auf diese schäbigen Freuden, auch Fußball gehört dazu. Den Preis zu tragen bin ich gewohnt, nur fürchte ich, daß ich da meine Familie mitzahlen lasse, denn so leicht kann man mein Verhalten des Fernbleibens nicht als Freiheit erkennen, für beide. Bin ich jetzt aber nicht hinter dem Hirn, hinter dem Mond? Ganz zaghaft trat ich nach *Ich bin ein Schaf* wieder in die Vorderseite des Bewußtseins, wenn mir da meine Frau nicht geholfen hätte und auf ihren gewohnten Erfahrungen wie

Schwarzes Schaf

ein Mufflon ausgeharrt hätte – weiß der Kuckuck! Ein Mensch sollte für einen anderen schon auch so was wie ein Flughafen sein.

Leben meine Filme, oder leben sie nicht? Habe ich sie für meinen toten Bruder Herbert gemacht oder für mich? Oder habe ich sie als toter Herbert gemacht? Wenn ich ihm 25 gewidmet habe, dann sollte es reichen. Ich machte es Dir zuliebe! Ich werde nie krank, am ehesten zwischen zwei Filmen, heute früh hatte ich nach Jahren Halsschmerzen. Hab sie fast weggearbeitet. Früher wurde ich immer zwischen zwei Sommern krank. Wenn es Zeit war, krank zu werden, achtete ich mehr als sonst auf das Wetter. Ich liebte den Schnee, aber er sollte Dich nicht hindern zu kommen. Einmal hatte es sehr viel geschneit, und dann ergoß sich Regen auf den tiefen Schnee, warmer Regen. Alle Gräben schwollen an, alle Senken waren voll. Im Wald zerbarsten die Bäume wie im Krieg. Ein tropfnasser, weicher Himmel verband sich mit der tropfnassen, weichen Erde. Mein Kinderhirn sah ein Hochwasser im Bergland verheerender als an der Donau unten, wo man auskonnte, hier aber von Bergen eingeschlossen war. Da war kein Durchkommen mehr, weder mit einem Boot noch mit einem Pferd. Da werde ich nicht krank, dachte ich, und wenn ich allein sterben muß. Niemand würde unter Bedrohung so lange bei mir bleiben wie Du. Fühlte mich daher oft einfach nicht bedroht, wurde mutig. Hätte ich mich sonst auf der Leinwand eingesperrt, ohne zu wissen, wie ich wieder heraussteigen soll? Andererseits kann ich da nie herunterfallen, von der Filmleinwand. Und doch mochte ich ein Leben lang, daß die schwärzeste Wolke käme und mich verschlänge und es mich für niemanden mehr gäbe, für niemanden, niemanden, niemanden. Am allerwenigsten für diesen Vater, der mich am Hauptbahnhof wieder versetzt hatte. Du kamst aus Deinem Versteck hervor und nahmst mich wieder mit. So ist der A, ich kenne ihn ja, sagtest Du. Ich weiß nicht, wo mir der Kopf stand.

Aus den schwarzen Hüten ist nichts geworden. Ich spielte in Gedanken mit den beiden Brüdern von Kandlbach, wie sie aus einem Hals herauswachsen, die beiden Köpfe, und der alte Hals aus einem schwarzen Jackett, aber es darf mir ja nicht schlechtgehen, wenn ich etwas mache, was könnte denn aus Frust entstehen! Es darf mir nicht so schlechtgehen, sagte ich mir früher oft. In Fettnapf ging das an, weil das meine Mutter kränkt, ihr noch weh tut – und sie hat gar umsonst gelitten. Gott sei Dank ging es mir nach dieser Einsicht immer weiterhin schlechter. Meine Stimmung hob sich dann anderweitig wieder. Heute hob sich meine Stimmung, als ich von der Idee abließ, die beiden Brüder an einem Hals zu malen.

Ich habe ein Foto von Dir, auf dem Du 16 bist. Madonnenhaft fällt Dein schwarzes Haar weitgestrahlt über die Schultern. Du lächelst, Deine Augen sind vertrauensvoll und stark wie die Deines verstorbenen Bruders, damals lebte er noch, und Ihr mochtet euch sehr gerne. Ich habe das Foto oft angesehen, wenn ich nicht so krank war. Ich wollte auch nicht immer gleich so krank werden, daß Du kommen mußtest. Nur etwas intensiver solltest Du an mich denken. Wer weiß, was in mir alles geschah, um Dich nicht loszulassen? Was mag da heute noch wirksam sein? Meine Oma war nicht in der Lage, Fotos in ein Fotoalbum einzukleben, so lagen alle Fotos in einer Schachtel, die mir im Krankheitsfalle gegeben wurde. Immer wieder stieß ich auf Dein Foto. Ich werde mich wohl in das Foto verliebt haben. So ganz sicher zeigte es ja meine Mutter nicht. Ein junges Mädchen mit schwarzem Haar, jetzt hattest Du ja blondes. Als ich anläßlich dieses Briefes und eines Besuches auf dieses Foto in immer noch Deinem von mir gestalteten Album stieß, traute ich meinen Augen nicht: das Lächeln meiner Frau. Laura bestätigte das sofort. Das trage ich nun seit Tagen mit mir herum, das Lächeln meiner Frau und meiner jungen Mutter. Meine Frau ist 26, wie Du weißt, sieht aber um 10 Jahre jünger aus. Es stieg die Angst in mir auf, nie mehr zu ihr zu gehen. Hat mich diese Ähnlichkeit in so unerklärliches Verhalten gedrängt? Ich weiß es nicht und mag da nicht weiterdenken. Wenn mir was einfallen sollte, schreibe ich es Dir selbstverständlich schon. Nun kommt es!

Über die Brüder wollte ich schreiben: DENN DER HIMMEL KENNT KEINE GNADE. Der Satz steht auch auf meinem Haus im Waldviertel. Der Satz steht auch jetzt auf dem fertigen Bild. Aber aus dem Hals wächst das Bildnis meiner Frau und Deines. Du hast die Augen niedergeschlagen und die Wimpern verklebt, wie Du sie oft hattest, wahrscheinlich vom Weinen. Zweimal habe ich während dieses Briefes bitterlich um Dich geweint. Jetzt müßte ich um mich weinen. Ich warte. Hatte nicht auch Lill Cat, ohne Dir zu nahe treten zu wollen, Dein Mädchenlächeln? Ich kann meine Frau nicht anrufen. Ich müßte ihr das sagen. Deswegen hat mir mein Unterbewußtsein immer vorgegaukelt, daß ich wegen meiner Töchter nichts mit Mädchen zu tun haben wollte: Ich mußte auf die Richtige warten. Hast Du mir nicht bei allen meinen Freundinnen bedeutet, daß sie nicht die richtigen seien, auch bei meiner ersten Frau? Du sahst dann nur auf die ausgelaufenen Waden oder den gestauten Hintern, und ich wußte Bescheid. Wußte, daß ich eine Frau nicht lieben konnte, wenn Du nicht ganz einverstanden warst. Bei Lill Cat warst Du es, und ich weiß, warum. Der Pinsel hängt an der Wand. Ob ich ihn wohl nochmals runterhole?

Ich weiß nicht, was ich denken soll, und bin hinundhergerissen und hieße jetzt besser Hinundherbert.

Jetzt gehe ich in das Wirtshaus.

Über mich kann ich nicht weinen.

Nun, da ich von den 100 Jahren Film die letzten 20 Jahre ziemlich erfolglos mitgemischt habe, kann es passieren, daß ich einem Gesprächspartner, vorausgesetzt, wir beide sind gut gelaunt, mitteile, daß meine Filme bereits in die nächsten 100 Jahre zwinkern und blinzeln.

Rosenmontag, der Todestag von Karl Valentin. *Schwarzes Schaf* heißt das gestrige Bild. Bleibt mir nur noch der Faschingsdienstag zum Sterben. Nie friert es die gelben Türme der Theatinerkirche.

Blaue Zitronen gemalt. Sie ist tot.
Eine gelbe Zitrone liegt auf dem Tisch.
Meine Stimme ist noch leer.
Im Kopf sind noch ein paar Gedanken.
4 Tuben liegen auf dem Tisch, 2 grün, 1 weiß, 1 schwarz.
Es scheint die Sonne. Gerade hat es geschneit.
In Berlin habe ich nichts mehr außer dem berühmten Koffer.
Die Schublade ist offen.
Die Tulpen blühen.
Ich schnupfe.
Good bye!

Valentin: Ja, wenn ich das gewußt hätte, daß das Sterben so leicht ist –

Ich habe ein Foto von ihm gegenüber, auf dem er versucht, ein Schnupftabakglas vom Handrücken wegzuschnupfen.

> So also herrscht der Weise:
> Das Herz leeren.
> Den Bauch füllen.
> Stärken die Knochen.
> Schwächen den Willen.
> Die Achtbaren nicht achten –

Schön, nicht?
Laotse.

Liegt unter meinem Kopfkissen. Die Bekanntschaft mit Buddha mag ich meinen Eltern verdanken, Laotse aber mir.

Beim Essen was erlebt: Ich sah einem Mann zu, der einem Mann zusah, wie er mit dem Löffel den geschnittenen Schnittlauch vom Teller in die Suppe befördert. Ein jeder Schnittlauch ein Lärm. Aber auch vom Boden des fast geleerten Tellers beförderte er mit demselben Krach den Schnittlauch in die verbliebene Suppe. Sein Gegenüber legte auf sein angegessenes Lüngerl die Serviette. Ich mußte weiteressen, kleinen, fetten Schweinebraten. Der Mann sah mich verzweifelt an. Verzweifelt? Vielleicht war er taub. Nach Knigge hielt sein Gegenüber nicht zu sich den Teller hoch, was seinem Gegenüber unhöflich die Unterseite des Tellers zugekehrt hatte, nein: die Schauseite hielt er ihm hin. Dann bestellte er nochmals eine Nudelsuppe. Da mußte ich zum ersten Mal wieder lachen.

War gestern in *Charleys Tante*, hervorragend Rühmann in einem Goebbels-Arrangement.

Ich bin wirklich.

Gestern abend im Wirtshaus explodierte ich. Ein fetter Bayer, er soll mit Thaimädchen handeln, sagte zum Schankkellner, daß er mit seiner Frau schlafen wolle. Es folgte der unflätigste Umgangston mit Ausländern. Er stand den Bedienungen im Weg. Er entfernte sich auch nicht auf die Bitten des Geschäftsführers hin. Sollte er mich anreden, wollte ich sagen: Nix vastehn. Weiter schrie er die Leute hinter der Theke an, wobei die Bemerkung, im Gegensatz zu den anderen, sich nicht der Niederschrift sträubt, an die jugoslawischen Fronten zurückzugehen und sich abstechen zu lassen. Das brüllte er zu dem Albaner! Ich war von gestern sowieso geladen. Da sprang ich auf und schmiß ihn mit den wütendsten niederbayerischen Wörtern hinaus: Wenn du dich nicht sofort schleichst, dann schneide ich dir den Kopf ab. Grinsend blieb er in gebührender Distanz stehen und kündigte nur noch an, draußen auf mich zu warten. Nach meinem Auftritt klatschten die abgearbeiteten Bedienungen: Du bist der einzige, der Mut hat, sagte Maria. Der Schankkellner spendierte mir einen Schnaps. Eigentlich will ich nur so viel trinken, wie ich will, auch am Faschingssonntag.

Aber genau das wollte ich in dieser Wohnung herauskriegen.

In Fettnapf hatte ich auch schon was herausgekriegt, bevor ich hineingetreten war. Ich trank Bier aus dem Weißbierglas, 7 Stück, dann pißte ich das Bier in 3 Gläser. Die Gläser stellte ich in den Papierkorb. Ich wußte nun, daß ich auch in Extremsituationen ordentlich war. Dann legte ich mich auf den Tisch, und der Kater legte sich auf meinen Bauch. Wahrscheinlich waren es viel mehr Weißbiere, das zog sich ja den ganzen Nachmittag hin, und erst am Abend, als Schmalz in den Stall gehen mußte, passierte Geschildertes. Selbstverständlich war ich allein in der Gaststube.

Muß nicht mehr versuchen, einer jeden schönen Frau in die Augen zu sehen mit der Stimme im Herzen: Nimm mich mit! Nimm mich mit!

Heute früh besuchte mich meine Frau mit zwei Brezen und der Bitte, ihr einen Kuß zu geben. Ich weiß nicht, ob es dazugekommen ist, eher nicht. Das Kind habe jetzt Babysitter, ein Mann sei auch dabei. Dann brachte mir Laura ein Buch über Kostüme aus Fellini-Filmen, schöne matte Schwarzweißfotos. Sie vertritt meine Interessen auf den Kammerspielen so wie Marie-Noëlle im Fernsehen. Gute Löwinnen. Ich sagte, daß ich der Löwe sei. Der Löwe gehe nicht auf die Jagd, da sei er zu langsam. Die Löwinnen erbeuten das Wild. Die stärkste Löwin war meine Mutter. Ich war faul und immer schläfrig. Das Bild ist ja nicht so schlecht. Bin gespannt, ob ich noch erlebe, daß mich Reich-Ranicki als den Komiker der deutschen Literatur entdeckt. Er hätte meiner Mutter gefallen. Die Männer mußten nicht unbedingt schön sein, aber unterhaltsam. Ein Jude?

Das spielt doch keine Rolle, solange ich über ihn lachen kann oder staunen.

Malte noch ein Bild. *Eintausendeinhundertelf* heißt es, glaube ich. War in einem französischen Film. *Milde Herzen* hieß er, glaube ich. Mir fielen 2 Dinge auf, daß französische Jugendliche Anfang der sechziger Jahre die gleichen Unterhosen trugen wie wir. Und dann ein Hügel, der mich an den Kronoshügel erinnerte, bei Olympia. Olympiasieger sollte ich werden, glaube ich. Goldmedaille und so. Einmal ging im Kino lautlos die Türe neben der Leinwand auf. Es kam niemand. Dann ging sie wieder lautlos zu. Es war niemand dagewesen. Nachher sah ich auf einem Plakat in der Sendlinger Straße einen nackten Mann auf einer Eisscholle zwischen Eisbergen stehen. Angeber, sagte ich. Eineinhalb Stunden für so einen Film ist eine lange Zeit, sagte ich mir. Und erst den machen! Schnelle Filme machen andere so langsam. Und ich mache meine langsamen Filme so schnell.

Am eigenen Speichel verschluckt. Schnell kann es gehen. Komm nicht hoch. Hätte gestern zu dem Kerl im Wirtshaus auch sagen können: Hau ab, du blöde Sau, mir wirft meine Frau vor, daß ich nicht mehr fähig bin, sie zu verführen. Oder: Geh hinaus, du Arschloch, mir ist am Herz die Ecke vor dem Einschlupf weggebrochen, so komme ich nicht hinein und stürze seit Jahrzehnten immer wieder in den Abgrund. Oder: Geh weg! Mich bringt eine jede Kleinigkeit in Rage, auch du!

Nun ist mein Zimmer eine Krypta geworden. Ich wollte ja Schafe malen, aber es sind Grabsteine geworden, statt einer Weide ein Friedhof unter schwerem Himmel, über 1111 Grabsteinen. Einen Judenvernichtungsfilm habe ich mir nicht mehr angesehen. Morgen ist die Serie eh zu Ende. Dann habe ich noch die ausgepreßten Tuben aus dem Mülleimer gesucht und nochmals ausgepreßt und auf eine letzte Zeitung geschmiert, darauf geschrieben PINSEL AN DER WAND und den Pinsel hineingeklebt. Das Orakel heißt *Träne*.

Der Pinsel ist ebenso müde wie ich. Ich hocke mich ins Wirtshaus. Ich wachte heute früh kaputt auf, es schneite große Flocken. Mein erster Gedanke war: Meine Gedanken fallen von mir als Schneeflocken ab. Zwischen den Flocken spürte ich den Liebreiz meiner Mutter. Wenn es schneit, habe ich das Gefühl, es arbeite jemand für mich. Es schneit aber nicht mehr, und ich muß alles selber machen. Heute ist die große Ausnahme. Schnee, meinte ich oft, rettet mich, ist mein Zahlungsmittel dem Leben gegenüber, kauft mich frei, Schneeflocken sind meine Einfälle, meine Gedanken. Warum sollten sie nicht dahinschmelzen, wenn alles vergeht? Aber sie werden immer als erstes in den Dreck getreten und für am wenigsten kostbar erachtet. Ich bin Filmemacher, umgeben von Filmvernichtungsindustrie, den Journalisten, und einem Filmvernichtungsangebot, den Leuten. Hätte ich doch die ruhige braune Hand meines Vaters. 51 Bilder sind es auf einmal . . .

Hab doch die Hände.

Faschingsdienstag.

Hasenläufe

Zuerst dachte ich ich bin eine Stimme der Leute
Dann dachte ich ich bin eine Stimme der Schriftsteller
Dann dachte ich ich bin meine Stimme
Dann war ich nur eine Stimme

Natürlich ging ich wieder zu meiner Frau. Und alles war vergessen. Wir lagen in einem kleinen Zimmer vor dem Fernseher. Ich sagte: Ich ziehe jetzt den Pantoffel vom Fuß und werfe das Licht aus. Ich zog den Pantoffel vom linken Fuß und warf ihn nach dem Lichtschalter: Das Licht war aus. Es gibt nur das Zen des eigenen Wesens und des eigenen Werfens. Meine Frau lachte, weil mein Zen so einfach war. Man wird dich einmal, sagte sie, den Meister von München nennen.

QUER DENKEN!

Persönlich, präzise und gegen den Strom: Goldmanns neue Sachbuch-Reihe *querdenken!* läßt prominente Autorinnen und Autoren zu Wort kommen, die ebenso beherzt wie scharfsinnig die gewohnten Wege verlassen und Neuland betreten.

Horst Herrmann

Was ich denke

12515 / DM 12,90

»Wer zu denken lernte, haßt nicht mehr. Ich mache daher allen Mut, die glauben, sie entkämen niemals ihrem Glauben. Ich weise jene auf meine Erfahrungen hin, die noch Angst davor haben, endlich loszulassen und ins Weite zu entkommen; Angst, die Glaubenskrücken wegzuwerfen und auf eigenen Füßen zu stehen. Denn je weniger Hoffnung es für die Kirche und mit ihr gibt, desto mehr läßt sich gegen die Kirche hoffen. In jedem Fall findet sich Rettung aus der Religion, selbst für Leute wie mich, die sich jahrzehntelang durch die Gottesmühle drehen, regelrecht schroten ließen.«